# いちまき

ある家老の娘の物語

中野 翠

新潮社

# いちまき　目次

# いちまき——ある家老の娘の物語

# 『いちまき』系図

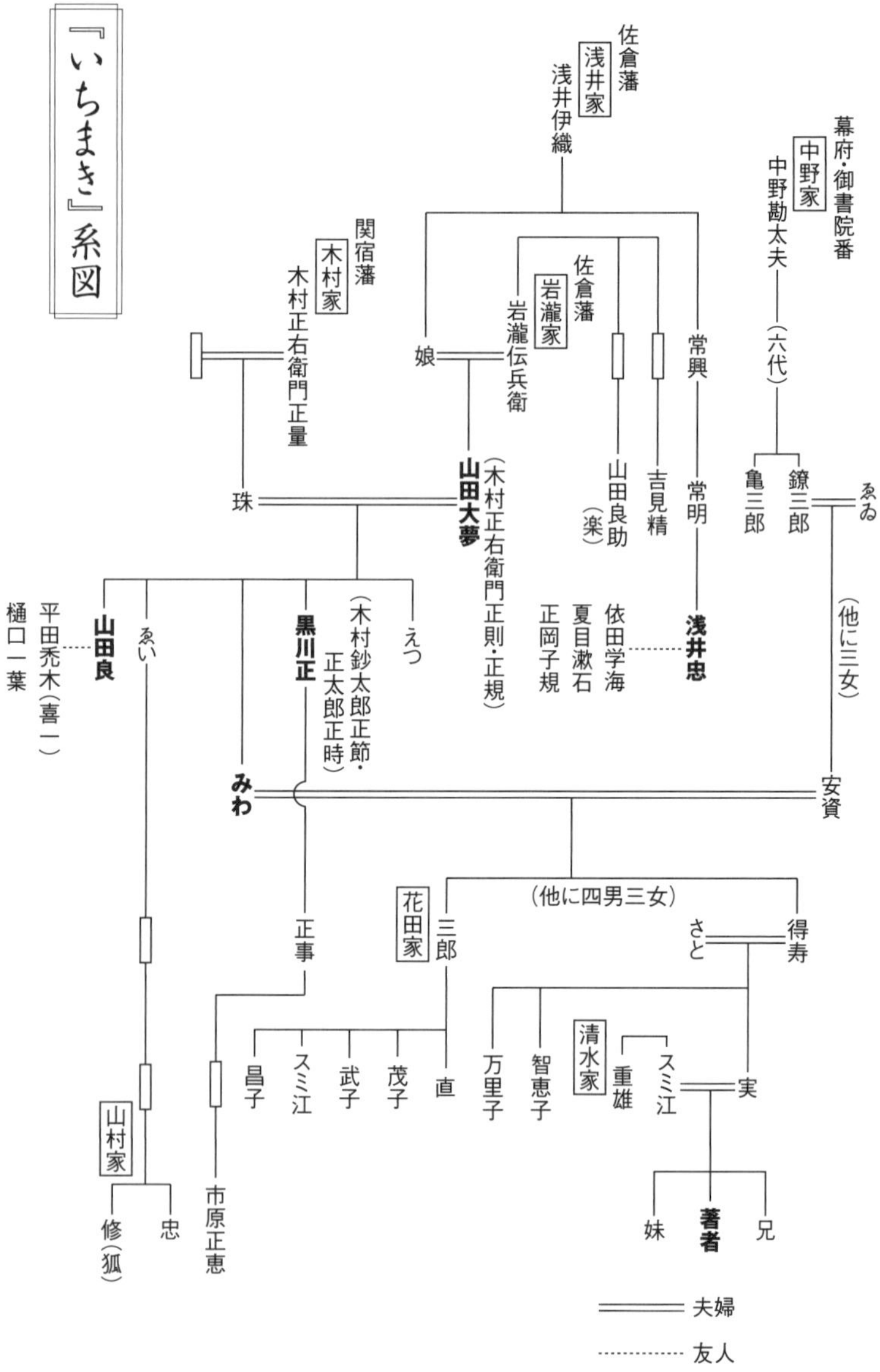

幕府・御書院番
中野家
中野勘太夫
（六代）
亀三郎
鐐三郎
ゐゑ
（他に三女）
安資
佐倉藩
浅井家
浅井伊織
常興
常明
浅井忠
依田学海
夏目漱石
正岡子規
吉見精
山田良助（楽）
佐倉藩
岩瀧家
岩瀧伝兵衛
娘
山田大夢（木村正右衛門正則・正規）
関宿藩
木村家
木村正右衛門正量
珠
えつ
（木村鈔太郎正節・正太郎正時）
黒川正
ゑい
山田良
平田禿木（喜一）
樋口一葉
みわ
（他に四男三女）
得寿
さと
三郎
花田家
直
茂子
武子
スミ江
昌子
正事
市原正恵
万里子
智恵子
実
スミ江
清水家
重雄
兄
著者
妹
山村家
忠
修（狐）
夫婦
友人

# 第一章　家老の娘に生まれて

中野みわ。おそらく喜寿（77歳）の祝いの頃。

## 桜田門生まれの曾祖母

いつだったろう。十年以上は前になるだろう。八十代の茂子叔母（厳密に言うと父のいとこ）に会ったら、生家（鎌倉の花田家）にまつわる昔話をし、「こういうことも話しておかないと、いちまきのことがどんどんわからなくなってしまうからね」と言われた。「いちまき」という言葉は初めて耳にしたのだが、その意味は何となくわかった。あ、一族といった意味なんだろうな、と。あとで辞書を見ると、「いちまき【一巻】血族の一団。また、同行の一団。→まき（巻）」とあった。さらに「まき」という言葉を調べると、「古代の氏族、近世の本家・分家の関係など、同一の血族団体。まけ。まく」とあった。「いちまき」という言葉には、ただ一族というのとは違って、なぜかしら血がザワッとするような生ま生ましさがあるような感じがした。和語であるせいかもしれない。

私は「いちまき」のことをほとんど知らなかった。父母も祖父母もそういう話を熱心にする人たちではなかった。親類づきあいや法事などにも関心が薄く、まあ、常識的に型通りのことをやってすませているというふうだった。だから、私も「わが家のルーツ」といったようなことにはまったく関心がなかった。そもそも時代劇とか時代小説には興味が薄く、ＮＨＫの大河ドラマもほとんど見たことがないという人間なのだった。

それが二十二年前、父が逝ってから少し状況が変わってきた。ある興味を持って古地図や歴史史料を見るようになった。

そのきっかけとなったのは、父の遺品を整理している中で『大夢《たいむ》　中野みわ自叙伝』と題された小冊子（和紙に筆書き）と出合ったことである。

中野みわは父の祖母、つまり私にとっては曾祖母にあたる。子どもの頃、和室の鴨居にひいおじいさんとひいおばあさんの写真が飾られていたのをウッスラとおぼえている。曾祖父は洋装で曾祖母は和装だった。曾祖父は早逝したが曾祖母は（当時の人としては）長生きで、昭和十七年（１９４２年）まで存命だったという。安政六年（１８５９年）生まれだから、江戸・明治・大正・昭和の四つの時代を生きたわけだ。写真の中の曾祖母は髪を男の人のように短く刈っていて、面長で彫りの深い顔立ちで、子ども心にも「個性的」

に感じられた。

小冊子は、その曾祖母みわの喜寿の祝いの席で親類に配られたものらしい。みわが語ったのを書の達者な親類が書きうつしたという。その書き出しはこうである。

「私の実家は木村と申し、旧幕府時代には下総国《しもうさ》（千葉県）関宿藩《せきやど》久世様の藩士で、父は木村正右衛門正則と申し、のち山田大夢と改めました。同国佐倉藩堀田様の藩士岩瀧家より木村家に養子に来たり、母は珠《たま》と申し、家付の一人娘でございました。木村家は関宿藩の江戸家老を勤めておりました」

というもので、「私は安政六年九月二十二日、江戸桜田門外の上屋敷に生まれました」というのが、エッ?!　なんだかスゴイじゃないのと思わせる。

桜田門外と言ったら、今、警視庁や法務省があり、安政七年（万延元年）の三月三日には、かの有名な「桜田門外の変」が起きた所じゃないか。みわは生まれて約半年後に、すぐ近くで大老・井伊直弼が水戸藩や薩摩藩の脱藩浪士たちに暗殺されるという歴史的事件に遭遇しているのだった。

となると、どうしてもみわが生まれた関宿藩上屋敷の場所を知りたくなる。柄にもなく古地図をチェックするということになる。

桜田門外には広大な井伊家の敷地があり、あらためてその権勢の大きさを思い知らされる。松平や有馬や九鬼などの大名屋敷が並ぶ中で、なぜかお目当ての久世の屋敷は見当たらない。何冊かの古地図帖にあたってみて、その中で関宿藩の下屋敷が今の清澄庭園であることを知ったのは収穫だったけれど（一度、そこで友人たちと句会をしたことがあるのだった）、上屋敷はどうしても見当たらない。まさか、みわが嘘をついているとも思えない。そうか、もしかすると時代が違うせいなのかもしれない。みわが生まれた安政六年の時点（あるいはその少し前）での地図でないといけないのかもしれない。

というのは、当時の関宿藩の藩主・久世広周《ひろちか》（大和守、のち出雲守）の地位の浮沈と関係がある。広周は、嘉永四年（１８５１年）に幕府老中職に出世していたのだが、安政五年（１８５８年）には日米修好通商条約の締結にたずさわり、大老・井伊直弼の「安政の大獄」を批判し対立したため、老中職を失う。その後、「桜田門外の変」によって井伊直弼が倒れると、広周は再び老中職に返り咲く。そして幕府の存亡をかけて公武合体（和宮下向の御縁組）に尽力する。ところが、文久二年（１８６２年）には公武合体や日米修好通商条約に対する反発などを受けて老中職を辞し、さらに幕府から永蟄居を命じられ、第一線をしりぞくことになるのだ。

そんな浮沈があるわけだから、桜田門外に上屋敷があった、その時期の地図でなければ、みつかるはずがないのだった。

私ももう少しマニアックというか研究熱心な人間だったら、その時期の地図を懸命に探したのだろうが、「ついてないなあ、なんで地図に出ていないんだろう」とキョトンとしたまま何年も経ってしまった。


それが、つい最近、思いがけない形でみわの生誕の地が判明したのだ。

以前、ほんの気まぐれに皇居の東御苑を散策した時に、売店で買ったものなのじゃないかと思う。「江戸城の昔と今」と題された袋入りの地図（万延・文久時代―1860年代のもの）が本の山の中からポロリと出て来たので、桜田門の周辺に注目してみたら、なんと桜田門外ではなく桜田門内に久世大和守（広周）の屋敷が出ているのだった。二重橋を臨むまん前である。城内に最も近いと言ってもいいくらいの場所だ。思わず、血がザワッとなった。

桜田門内が門外と記されたのは、みわのかん違いだったろうか、それとも聞き書きをし

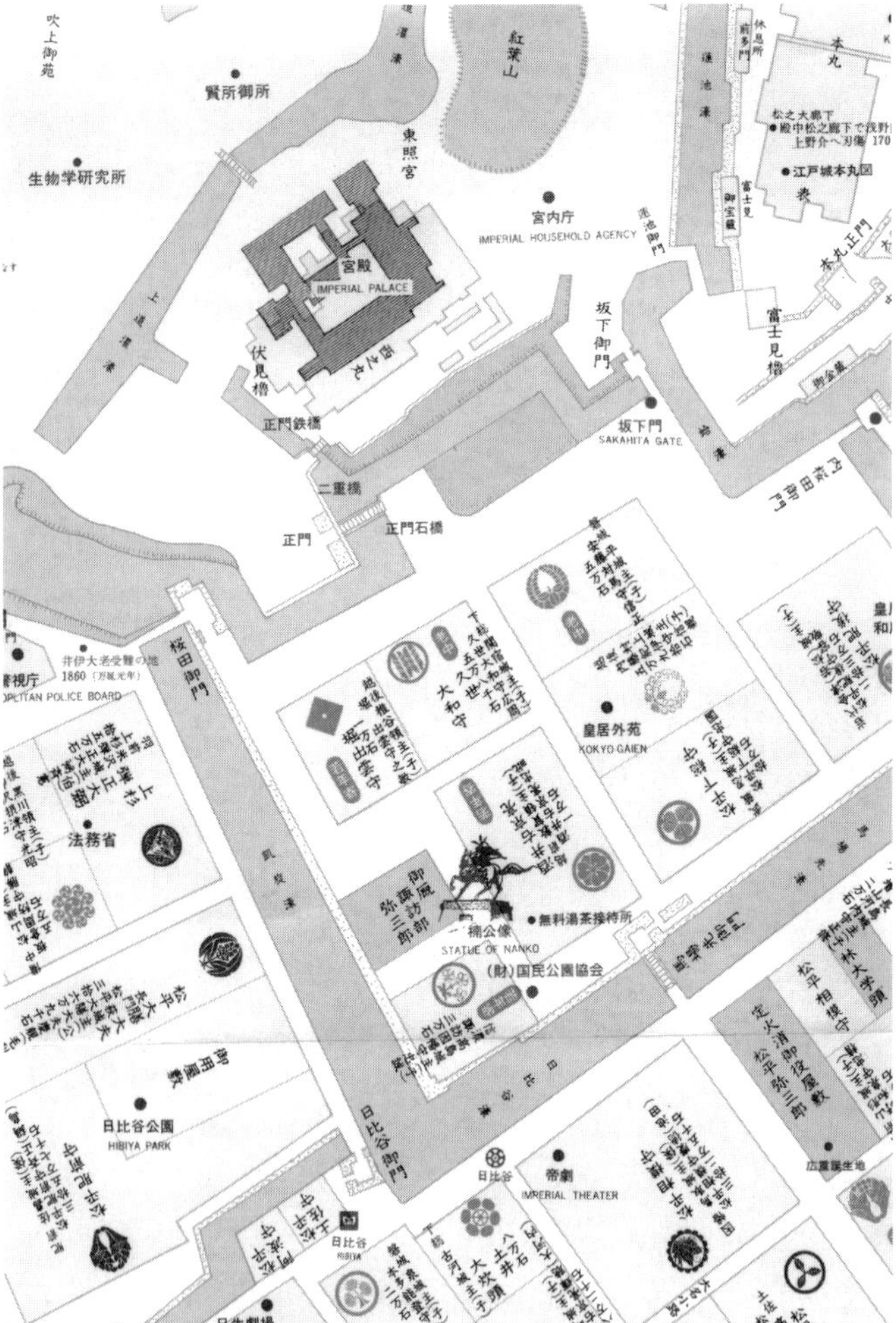


「江戸城の昔と今」部分（©望月アート企画室）　二重橋の正面に久世家の屋敷がある

た人の聞きまちがいだったろうか。

さて。みわの回想はこう続く。「六歳まで江戸に居住しておりましたが、幕末となって尊王攘夷など世間がさわがしくなってきましたので、関宿へ帰り住むこととなりました」

「当時の（注・関宿の）私の家はずいぶん広大で竹藪や畑もあり、樹木多く、四季とりどりの美しい花も咲きみだれて、池には緋鯉まごいもたくさん居て、屋敷の裏土手は長く長く利根川の有名な権現堂の堤まで連なっておりました。この土手の中段に父は桑を植えて父母自身で養蚕をして生糸を作り、私の七歳の祝着は母の丹精になったもので、また、お茶の木も多く自家用のお茶も出来ました」

自然とよく親しみ、夫婦仲もむつまじい武家の生活が察せられる。

そんな中でちょっと気になる記述もあった。「(関宿に移住して三、四年後）外国船が日本へ渡来してきまして、黒船が関宿の向こう河岸を渡航するとて私も女中に連れられて見に行きました」

話があとになってしまったけれど、関宿というのは千葉の最北部で現在は野田市に合併されているところ。利根川と江戸川にはさまれた所に位置している。水運の要所なので、関宿藩の城主には代々、譜代など信頼のおける大名が任命されていたという。久世家も譜代の大名だった。

それにしても黒船！　異国の黒船が関宿のそばの利根川を航行したなんていうことがほんとうにあったのだろうか？　そんなことが実際にあったとしたら、みわは当時最先端の交通機関を目撃したわけだが……どうも信じ難い。日本の、いわゆる川蒸気（河川での貨客輸送に用いる吃水の浅い蒸気船）を見たのではないだろうか？　その方面の歴史に疎い私にはよくわからない。

とまあ、そんな牧歌的な生活が続いたのも三、四年。やがて無惨にも破壊されることになる。勤王か佐幕かで藩は二分、父・木村正右衛門正則（正規という表記もあり、のち山田大夢と改名）は佐幕派のリーダーとなって同志約百三十人と共に脱走。そのため、一家は離散、数年間、辛酸をなめることになるのだった。

## 戊辰戦争の逃避行

曾祖母みわの回顧録は、関宿での平穏な生活から俄かに暗転してゆく。おそらく鳥羽・伏見の戦いで始まった慶応四年（１８６８年）のことであったろう。当時のみわはよく知らなかっただろうが、大人の世界では関宿の地でも風雲急を告げていたのだった。

「四月にはいよいよ戦争が始まるとのことで、父は四五日留守でございました。当時は勤王佐幕の二派に分かれて藩中に紛争がたえず、（注・佐幕派の）私ども家族のほか同藩の丹羽様と分家の木村の家族たちと一緒にこの住みなれた地を行先も定まらぬまま脱走しなければならなくなりました。

その時の有様を記憶しております。父は丸に木の字を金糸で刺繍した陣羽織を着ておりました」

「同藩の丹羽様では御新造様がお子様三人と若侍一人女中などを連れて居られました。

御新造様は豊前小倉藩からお嫁にこられました方で、ちょうどお芝居で見るような美しい方で、御年も二十七歳の若さで、守り刀の懐剣を錦の袋にいれて赤いふさのさがったのをさしておいでなさいました」
陣羽織ねえ、守り刀ねえ……完全に時代劇の世界じゃないか。私にとっては曾祖母、つまり三代さかのぼっただけでそんな世界に接することになるのが何だか不思議のような気がする。みわは当時九歳前後だが、やっぱり女で、特にファッションに注目しているところがほほえましいというか共感できるというか。

さて。脱走時のみわの家族は、足が不自由で歩行困難の曾祖母（八十九歳）と、強健な祖母（五十六歳）と、母（三十六歳）と、兄・正太郎正時（十二歳、のちに黒川正《ただす》と改名する）と、みわ（九歳）と、妹ゑい（三歳）だったという。えつという十八歳の姉がいたが、こちらは御殿奉公中だったため、そのまま関宿に残っていた。

何しろ行先も定まらぬこととて、心細さたとえようもなく、近在の名主宅を頼ったものの、そこには官軍の探偵が来ていて危険というので、すぐに立ちのかなくてはならなかった。

風雨の激しい中、古寺にたどり着いて三家（みわ一家、丹羽家、分家の木村家）が落ち着かぬ一夜を明かし、翌朝は麦飯にたくあんといった粗末な食事が出たが、ごはんは洗濯だらいのようなものに入っていたので食欲も出ず、食べない者たちもあったという。

「そこから丹羽様も女中一人残して他の召使にひまを出し、三家相談のち思い思いに別れてゆくことになり、丹羽様は豊前小倉へ実家をたより、分家の木村氏は江戸へ、私たちはそこより三里はなれた金ノ井村の清水五郎平と申す農家へ行きました。同家は豪農で家の構えも大きく八畳十畳という部屋がたくさんにあって、帯戸に鍵がかかるようになって居り、便所なども黒塗りの撞《(?)》木のふたがついておりました。

そのいえに曾祖母、母、妹の三人は残り、祖母、兄、私は祖母の実家の江戸牛込どんどん橋角《かど》旗本久世下野守（三千五百石）の邸へ行くこととなり、船に乗り、翌朝、江戸近くなりました時、見張役に見とがめられましたが、証明出して、ようよう江戸に上陸し、小網町の平六と申す元・木村家の召使の家に立寄り、それから牛込の久世家へ到着して、そこでお世話になることになりました」

一家離散の逃避行――。その間、父・正右衛門はどうしていたのか。

実は正右衛門にも『戊辰後経歴』と題された回顧録がある。

筆書きの漢文調なので、私なんぞには読みづらい。書き出しは「旧関宿藩高五万八千石徳川氏御譜代家ナリ。予ガ家代々家老職ヲ勤ム。久世家七家ノ内ノ旧家ナリ」といった調子である。しかも、戊辰戦争に至った経緯や戦況などが詳述されている。歴史モノに疎い私にとっては何が何やら。あまりにさまざまな事柄が錯綜していて、頭の中がグチャグチャになってしまう。

それでも武田耕雲斎の天狗党（水戸の尊皇攘夷運動の組織）とか大鳥圭介の伝習隊（旗本・榎本武揚らと共に官軍との交戦を主張した組織）とか、こんな私でも聞いたことがあるような人名が出てくるので、彼らとの接点を知りたいという気持もある。

幸い『関宿町町史研究』（関宿町教育委員会発行）という本で郷土史家の林保さんが『戊辰後経歴』について綿密な研究をされている。その助けを借りて読み進んでゆこう。

「抑《ソモソモ》井伊大老桜田門外ニ於イテ水戸浪士ニ要撃サレテ以来マス〱世上不穏ニシテ、就中《ナカンヅク》水戸藩ノ如キハ積年ノ内訌（内わもめ）ガアリ、天狗党ト称スル者尊王攘夷ヲ唱エ、暴威ヲ逞シウシ、不逞ノ徒ヲ煽動シ、関宿藩士ヒソカニ通ズル者アリテ、広周君（注・当時の城主、久世広周）ニ天狗ノ隊長武田耕雲斎ヲ内謁見セシメ、深川洲崎抱屋敷ヲ耕雲斎ニ貸与《タイヨ》シ、其ノ他公義ヲハバカラズ不敬ノ挙動アルヲモッテ、有志ノ士来《キタ》ッテ慷慨ナス者アリ」

「広周君御逝去（注・元治元年＝1864年）後水戸藩大紛擾《フンぜウ》耕雲斎等藩ヲ脱シ、筑波山

ニ籠リ近傍村落ノ金穀ヲ強奪シ狼藉ノ限リヲナス」
幕府からは諸藩に天狗党追討の命が下され、関宿藩からも出兵し、攻撃して陥落させたものの藩士で戦死した者が三、四人あったという。耕雲斎の一隊は幕軍の囲いを衝いて越前へと走ったが敦賀で誅せられたという。

関宿の城主として広周のあとを継いだ広文は、その当時まだ十四、五歳だった。尊王と佐幕の両論はこの時期に至ってもまだ対立したままだった。やがて家老の一人・杉山対軒の説得により多数が尊王に導かれていったのだったが、そこに官軍が入城して来た。そのために再び議論が分かれ、佐幕派の脱藩者が出て、彼らは岩井村（現・茨城県坂東市、当時は関宿藩の領地）へと脱走した。そこに鳥羽・伏見の戦いで敗れた幕府軍の一隊が集結していたのだった。大鳥圭介ひきいる伝習隊は、徳川氏祖宗の霊廟の地・日光山に拠ろうとしていた。四月二十日、官軍は岩井村を急襲した。いわゆる岩井戦争。

岩井における戦争は意外に大きく、旧幕軍千五百余とあり、官軍はこれより兵数ははるかに少なかったようだが、装備（大砲、鉄砲）の上で格段の差があり、結局、旧幕軍のみじめな敗北で終わる。

正右衛門が陣羽織に身を固めて出て行ったのは、いったいどのタイミングだったのだろう。官軍が関宿城に入城した四月十九日のことだったのだろうか。それとも岩井戦争の時だったのだろうか。

佐幕派の同志、四、五十人の集会があり、議論をしたあげく「東京藩士ハ悉ク同志ナレバ、直ニ上京共ニ事ヲ謀《ハカ》ラン」ということになって、結局、正右衛門は関宿城を棄て、江戸へと脱走し、江戸にいた幼君・広文を連れ出し、分家の久世下野守の邸に潜伏させる。

これは尊王派にとっては幼主を欺く行為であり、正右衛門一派は「奸徒」ということになるのであった。

正右衛門は君公争奪には成功したものの、隠れ家をどのようにしたらよいかについては大変に苦労したようだ。そのあげく彰義隊に与《くみ》することになる——。

彰義隊というのは、新撰組同様、幕府を守ろうとした組織である。鳥羽・伏見の戦いで敗れた江戸幕府の征夷大将軍であった徳川慶喜は、新政府への恭順の意を表し、上野寛永寺に蟄居していた。これに不満を抱いていた旧幕臣を中心とする有志たちが結成したのが彰義隊で、江戸開城後、徳川氏御墳墓を警衛すると称し、寛永寺に立てこもって新政府に反抗していたのだった。

佐幕の士が追々加わる中で、幼君を擁した関宿の脱走グループは百人ばかり。寛永寺内の子院・勧善院を屯営として、久世家の替紋にちなんだ卍字を記章として卍字隊（万字隊）と号した。

彰義隊は「公方様のお膝元」を誇りにしていた江戸っ子たちには人気があった。例えば岡本綺堂（旧幕臣の子であった）は『相馬の金さん』という歌舞伎の戯曲の中で、へらへらした御家人の金次郎に、こんな、理屈も何もないようなタンカを切らせている。

「おれがこれから上野（彰義隊）へ駈け込もうというのは、主人の為でもねえ、忠義のためでもねえ、この金さんの腹の虫が納まらねえからだ。田舎侍が錦切《きんぎ》れ（注・官軍の印）を嵩《かさ》にきて、大手をふってお江戸のまん中へ乗込んで来やあがって、わが物顔にのさばり返っている。それじゃあ江戸っ子が納まらねえ」「おれ達にはもう御主君なんて云うものはねえというのに……。江戸っ子のおれたちが田舎者を相手に喧嘩をする、唯それだけのことよ」――。

そんな直情的な熱気に突き動かされた者も多かったのだろう。正右衛門が佐幕派だったのは主家が譜代大名だったということが大きかったのだと思うが、江戸家老だったから、江戸っ子気質《かたぎ》への共感もあったかもしれない。

当初は二千人とも三千人とも言われた彰義隊だったが、その後実戦に参加したのは、ず

本能寺合戦之図　歌川芳盛画　明治2年　野田市立図書館蔵
本能寺合戦に名を借りて上野戦争を描いた錦絵　右に見えるのが黒門口

うっと少数だったと言われている。本隊のほかに、各藩の脱走者で組織した隊がいくつかあり、その中で卍字隊は最大勢力だったという。

そんな切迫した状況を描写する正右衛門の手記の中で私がハッとしたのは次のくだりだ。

「朝廷ヨリ御罰責永ノ御尋ネ関宿ヘ御達シアリシト聞ク。金穀欠乏困却ニ付キ、丹羽十郎右衛門本藩ノ宿坊覚王院ヘ依頼二百円借用、小村譲助御領分江戸崎村大久保勘四郎呼寄セ三百円拝借上野松源ニテ請取。予立会フ。五月十四日夜ニテ明日ハ官軍来襲ノ形勢ニテ、松源ニテモ荷物ヲ片付早々立帰候様申聞ス」

要するに闘争資金を上野の松源という店で受け取ったという話なのだが……松源と言ったら黒門口前にあった料理店で、彰義隊のたまり場として（私にとっては、だが）有名な店なのだった。

杉浦日向子さんのマンガに彰義隊の若者三人の運命の転変を描いた快作『合葬』というのがあるが（２０１５年夏、映画化もされている）、やっぱり松源が重要な舞台になっているのだった。わが高祖父の木村正右衛門と『合葬』の若者たちの人生の交錯が、松源の一言で、鮮かにリアルに迫って来るように感じてしまうのだった。

さて、その直後の文章が、せつない。

「帰山ノ処本藩ノ隊ハ谷中口警備ノ銘ニ付キ同所ヘ罷越《マカリコ》シ丹羽十郎右衛門ニ面会、別レテ二、三歩来リシ時、跡追来リ二、三応答セシガ、其ノ時何トナク勇気モナク愁然タル形容ナリト思ヒシガ、是ゾ永訣ノ告別ニテアリシ。同人ハ刎頸ノ親友ニテ今ニ忘ル能ハズ」

丹羽十郎右衛門は、みわが「ちょうどお芝居で見るような美しい方」と書いた女の人の夫である。上野戦争で討ち死にした。正右衛門が感じた、刎頸の友の愁然とした気配。その一瞬が、私にはありありと、しのばれる。

## 彰義隊の敗走路

中野みわの父・木村正右衛門は、下総・関宿藩の江戸家老で佐幕派のリーダーだった。彼は慶応四年（1868年）のある日、いくさが始まると言って陣羽織姿で家を出てゆく。

残された家族もまた官軍の目を怖れ、二手に分かれて関宿を脱走せざるを得なくなった。みわは当時九歳くらいだった。結局、みわと祖母と兄の三人は、祖母の実家である牛込どんどん橋角《かど》の旗本・久世下野守の邸に潜伏する。そして、そこから旧暦五月十五日の上野戦争を遠望することになる。みわの手記によると、こうだ。

「（久世の邸に潜伏してから）暫時すると上野の彰義隊の戦争が始まり、三日三晩の鉄砲の音と火事で大騒ぎでした。物見台から見ますと、上野下谷の町家の人々はちょうどあの大正十二年九月一日の大震災の時のようで、避難者がどんどん橋を渡ってゆく姿はあわれにもまたおそろしいものでございました」

みわが見た彰義隊の士たちの中には烏帽子白鉢巻で馬に乗ってゆく人や、また、なぎなたを抜き身で持っている老人もあったという。まったく時代劇の世界。いっぽう官軍の兵は皆、洋装だった。肩に錦切《きんぎ》れをつけ、ダン袋（ズボン）をはいていた。その衣裳の違いが、兵力の違いを象徴しているかのようだ。

官軍の目印である錦切れをおそれる旧時代人は多かった。

上野戦争後、みわの曾祖母は下野・壬生《みぶ》藩の金田（あるいは金子？）という実家から迎えが来て、そこへ行くことになったが、その金田は官軍だったので、女中がその錦切れを見てびっくりし、おそろしがって曾祖母におともをしていくことを拒んだという。

「このようにごたごたして居ます間、父は佐幕党でございましたので、殿様の御保護を申しあげて、上野から会津に落ちたとの噂もございましたが、私たちにはまったく行方はわからなかったのでございました」

父・正右衛門が彰義隊に加わっていたという事実を、みわはどの程度に知っていたのだろう。ほとんど知らなかったに違いない。それでも戦さに加わっている可能性は十分にある、ということだけはわかったうえで上野の山を遠望し、落ち武者たちの姿をみつめていたに違いない。

話は脇にそれるようだが、ここで気になるのは牛込どんどん橋という場所である。その俗称は、たぶん堰から落ちる水音から、どんどんだったのだろう。古地図（嘉永年間のも

どんどんノ図　牛込揚場丁　広重画　江戸後期

の）を見ると、今の飯田橋駅前、神田川にかかる最初の船河原橋のそばに久世右馬吉という邸が確かにある。あんまりサムライらしくない名前だが、敷地の広さからして、みわが潜伏し、父・正右衛門が一時、幼君をかくまってもらった旗本・久世下野守の邸と考えていいのではないかと思う。

ちなみにスマートフォンで検索してみると、広重のウチワ絵に「どんどんノ図」というのがあり、ウチワの絵の中には書かれてはいないものの、国立国会図書館によれば「どんどんノ図」「牛込揚場丁《あげばちょう》」と解説されているという。

私は「エッ、やっぱりあのあたり?!」とハッとなった。三十代前半の四年間、私は、この「どんどん」のすぐ近くに住んでいたのだった。よく行き来していた先輩ライターのお母さんが住むマンションの住所も揚場町で、もとは久世の邸の敷地だったんじゃないかとも思える。小さな偶然にすぎないが、何だか、知らず知らず、はるかな過去に導かれて動き回って来たような不思議な気分がよぎるのだった。

さて。みわがハラハラとして上野戦争の様子を遠望している時、父・正右衛門は上野寛永寺で官軍からの激しい攻撃の中にいた。その手記『戊辰後経歴』によると、

「五月十五日払暁《フツゲウ》君公自分御近習向四、五人勧善院役僧案内ニテ御本坊諸大夫長屋へ詰メ間モナク黒門外ニテ、味方巨砲三発聞ユ。開戦ナリ。次第ニ大小砲声烈敷《ハゲシク》御本坊門塀へ弾丸命中。恰《アタカ》モ大雷雨ノ如シ」

杉浦日向子さんのマンガ『合葬』には、彰義隊の面々が畳を立てかけて弾除けにしている様子が描かれているのだが、大雷雨のごとき官軍の砲撃の前には、そんな防禦策ではひとたまりもなかっただろう。

そのうちに「黒門破レタリ」という知らせが入る。鮮血にまみれた遺体を戸板に載せて入ってくる者もいる。外に出てみると、すでに味方の兵はちりぢりに散乱している。ただちに引き返して幼君の手をとり、御本坊を出て勧善院口のほうに行って、上野の山から見

渡すと、眼下はあちこち燃上《えんじょう》し、はるか向うのほうには田畑の道がクネクネとする中を味方が落ちのびてゆくのが見えた……。

大村益次郎ひきいる官軍の兵力はまったく圧倒的だった。戦闘員も彰義隊千人に対して官軍一万人。官軍は加賀藩上屋敷（今の東大構内）から当時二門しかなかったという最新鋭のアームストロング砲を撃ち込み、午後五時には決着がついていた。彰義隊の戦死者は二百六十六名だった。

そこから幼君を守護した正右衛門らの必死の逃避行が始まる。

寛永寺を逃れ三河島のほうに出て、尾久《おぐ》村についた。そこで関宿藩の同志二十名余に会う。

農家などに宿を頼んでも拒否される。「我々ハ露宿ヲ為スモ厭《イト》ハザレドモ、幼君ヲ一夜何方《イツカタ》ヘカ頼ミ度《タ》ク」、ある寺に強引に入り込み、僧に談判するが、「外《ホカ》ニ高貴ノ無拠《ヨンドコロナキ》人ノ御出《イデ》ニ付キ難相成旨《アヒナリガタキムネ》申シ聞カル」。その高貴の人というのは上野の宮様（輪王寺宮＝北白川宮能久《よしひさ》親王）だったという。これには驚いた。このあたり、吉村昭さんの『彰義隊』の逃走場面とぴったり交錯しているではないか。

吉村昭さんの『彰義隊』は輪王寺宮と、それを守護する僧・竹林坊を中心とした長編小説である。やっぱり上野戦争で寛永寺を脱出し、三河島を経て尾久方面へと向かう。雨と泥濘の中の必死の逃避行が迫真のタッチで描かれている。その小説世界とわが祖先の逃避行が、一瞬、重なり合っているのだった。

　正右衛門はその寺に執拗に頼み込んで、ようやっと幼君をかくまってもらい、自分たちは村内の八幡堂に泊まることになる。

　一息ついた彼は、暗澹とした思いに沈む。

「夜ニ入ル。上野ノ方ニ焰々火柱燃エ、時々火砲ノ響キヲ聞ク。皆悄然《セウゼン》トシテ嘆息ノ外ナシ。明日ヨリ如何ナスベキヤ往ク可キ方モナク、潜伏スベキ所モナシ。単身ナレバ何トカ為スベキ策モアレド、幼君ヲ如何スベキト進退此所《ココ》ニ谷《キハマ》レリ」

　さて、ここで正右衛門の敗走経路を追っておくと、

上野寛永寺→三河島→尾久→新井村（西新井）→嶋ヶ谷→安行慈林《あんぎょうじりん》→鴻ノ台（国府台）→八幡《やわた》→臼井→佐倉方面というルートをとっている。

　この佐倉近郊で、正右衛門一行のうち二名が関宿藩の幼君探索メンバーに出食わしてしまった。正右衛門は仕方なく幼君を引き渡す。そうして以後は一人で逃避行を続けることになる。

上野戦争の後、みわたちは牛込どんどん橋の久世邸から佐倉へと向かっていた。佐倉は父・正右衛門の生地である。佐倉藩の岩瀧家から関宿藩の木村家に婿養子として入ったのだった。

「母は駕籠に、私は馬に乗り、佐倉へ到着いたしましたが、敵方の見張りのため、ただちに岩瀧家へ入ることが出来ず、四五日、町の宿屋に宿泊し、そのうち岩瀧家の尽力で借り住まいすることになりました」

「(親類が帰るのと)入れちがいに敵方の士が三人、兄(注・正太郎。鈔太郎《しょうたろう》とも。当時は常太郎と変名を使っていた)を先に立て案内させて入ってきました。その時、母の指図で私と妹は知人の大工の家に行くようにと申され、大工の家でこたつにあたりながらも家の人々のことを心配しながらふるえておりました」

「(官軍は)その後、与平と申す人の家へ行きいろいろ乱暴をしましたとのことでございました」

そんな、官軍のきびしい探索が続く中、みわは續《つづき》という親戚の漢学者で裁判官の家に住まわせてもらい、生まれたばかりの子のお守りをすることになる。「守りと申しましても、ただ今の守ッ子とは違い、家の中にはいって居て赤ちゃんを遊ばせるのでございます」。

みわが續家にいたのは約三年間だったという。

　正右衛門はひそかに佐倉の親類宅を訪れていた。正右衛門とその家族、それぞれの消息は、親類を通じて少しは入っていたらしい。「妻子ハ此ノ地ニ居レドモ面会スルコト能ハズ。永訣《エイケツ》ノ悲歎ハ当《マサ》ニ腸《ハラワタ》ヲ断ツノ思ヒナリ」と正右衛門は書いている。

　七月には父方のいとこの山田良助（別名・楽《たのし》）のもとに行くべく、船で江戸に向かう。その時の記述が注目に値する。

「十日十一日ノ両日滞船中黄昏《タソガレ》ヨリ、燗酒、煮〆《ニシメ》売リノ船、又船饅頭《マンヂュウ》ト言フ淫売婦十人位一艘ニ乗リ、数艘来タリ、『マンヂュウ』『マンヂュウ』『マンヂュウ』、マンヂュウヨシカト売リ廻ル。曾《カツ》テ船饅頭ト云フ事ヲ聞キシガ、見シハ初メテナリ。

此ノ婦《ヲンナ》、深夜ニ他船へ乗リ移ル時、妓夫ヲ呼ブ声モノ哀レニシテ、残月沈々トシテ蓬窓《ホウサウ》ニ入リ、感慨深ク終夜眠ルコト能《アタ》ハズ。

世変ヲ歎ジ、一身容《イ》ルル処無ク、一家ヲ顧《カヘリ》ミレバ、九十歳ノ祖母、六十歳ノ老母、子供四人、将来如何《イカガ》ナスベキヤ。更ニ方向モ付カズ歎息ノ他無シ」

　世の中の最底辺で身を売る女たちの哀れが、江戸家老から敗残の逃亡者となった正右衛門の心には痛切に響いた。売女も家老もないのだ。そんな一点を身にしみて体感したのだ。

眠れぬ夜を過ごした正右衛門が、格別に身近に感じられる一節である。

「公方様のお膝元」を誇りにしていた江戸っ子たちには人気があった彰義隊も、官軍の圧倒的な兵力の前にはひとたまりもなかった。二百人以上にのぼる彰義隊戦死者の遺体は、見せしめのためにむごたらしく放置された。

官軍の厳しい目が光る中、彰義隊の遺体の収容に立ちあがったのは、三ノ輪円通寺の住職、寛永寺の御用商人三河屋、浅草の火消しの親分である新門辰五郎らであったという。

今、彰義隊の墓所は、上野の山の西郷さんの銅像近くの木立ちの中にある。

山岡鉄舟の筆になるという「戦死之墓」などがひっそりと建っているだけだが、平成十五年（２００３年）までは小ぢんまりとした資料館もあった。彰義隊ゆかりの小川家が管理していたのだけれど、今はあとかたもない。

二〇〇三年の五月、資料館がなくなるにあたって特別に二日間だけ一般公開されるということを新聞で知って、私は出かけずにはいられなかった。「敗者」の末裔の一人として。

その日、墓所に集まった人びとの多くは、それぞれの形で彰義隊の惨劇を祖先の記憶として持っている人たちだ。百数十年もの昔だけれど、「敗者」同士、おのずから「他人じゃない」といった親密感のようなものを抱かずにはいられなかった。

資料室を見たあと、ずうっとこの墓所を守って来た小川家の御子孫の挨拶があった。明治に入ってから、彰義隊の一員だった小川さんの先祖が政府に懸命に働きかけて、墓所を設立したという。その場所は、まさに死体をまとめて火葬した所だったという。小川さんも高齢になって、資料館はやむなく閉鎖することにしたという。私はぎこちない手つきで線香をたむけた。外国人観光客から「いったい何の集まりですか」と聞かれたが、一言では説明できなかった。

## 後日談①　　桜田門

わが「いちまき」ゆかりの地を訪ねてみることにした。

そもそも私が我が一族の歴史に興味を引かれたのは、曾祖母みわの回顧録を読んだことからだったのだが、みわが生まれたのは幕末、安政六年（１８５９年）。ザッと百五十年も昔のことなのだった。ゆかりの地を訪ねたところで、昔の面影なぞほとんど残っていないだろう。

それでも、こうして歴史を知ってしまった以上、その地を訪ねないで知らんふりしているのは、何だか申し訳ないような気がした。みわをはじめ、「いちまき」の人びとが激変する世の中を必死で生き抜いて来たことを、子孫の私は知っているのよ、おぼろげながら、ほそぼそとながら、伝わっているのよ。

ゆかりの地に立って、そんな思いを伝えたかった。大げさに言えば「交信」してみたかった。いっぷう変わった墓参りのような気分で。

まず一番に訪ねたかったのは、やっぱり曾祖母みわの生誕の地だった。

二十二年前、父が亡くなり、その遺品を整理していた時、『大夢　中野みわ自叙伝』と題された小冊子が出て来て、そこに「私は安政六年九月二十二日、江戸桜田門外の上屋敷に生まれました」とあったので、エッ?!　なんでまたそんな御大層な所で?!　と興味を引かれたのだった。

確かに「江戸城の昔と今」と題された地図には、桜田門外ではなかったけれど、門内に久世大和守（広周《ひろちか》）の屋敷が記されている。二重橋を臨むまん前。敷地もなかなか広めだ。城内に最も近いと言ってもいい場所だ。

それは万延・文久年間の地図だった。安政の一つあとの時代のものである。久世大和守広周は老中に復帰した頃だろう。他の時代の古地図を見ると、久世の屋敷は丸の内の大名小路でももっとはじっこだし敷地も狭い。みわの兄・黒川正《ただす》は大名小路の邸で生まれている。とにかく主君の久世広周の権勢が最もさかんだった頃の地図。みわはその上屋敷で江戸家老の娘として生まれ、生後半年経った頃に、あの有名な「桜田門外の変」が起きたのだった。

さて。桜の花がいっせいに開花した平成二十六年（２０１４年）三月三十一日、私は編集者のＫさん、Ｓさんとゆかりの地を訪ねるべく、お堀端の東京会館のロビーで待ち合わせた。ここも昔は大名小路だったところだろう。芥川賞・直木賞の授賞式が行われることでおなじみのビルだが、私は一階のロビーに猪熊弦一郎の壁画があるのと、カフェ・レストランの窓がゆったりと大きく取ってあるのが、以前から気に入っている（二〇一五年一月で休館。二〇一八年に再オープンする予定）。

待つ間もなく三人揃ったので、外に出て二重橋方面へ。あたりは観光客らしく中国語が飛び交っている。すぐに二重橋前の松原に出る。正面に二重橋を臨む松原のこの一角が久世の屋敷跡――みわの生地なのだと思う。

この松原にはウッスラとした記憶がある。小学生の頃、社会見学という名目で、ＮＨＫ（当時は内幸町にあった）や羽田空港をバスで訪ねたのだけれど、その途中、この皇居前の松原で休憩だか昼食だかを取ったのだった。

時代劇をあんまり観ないので、知識がないのだけれど、久世広周や、みわの父親で江戸家老だった木村正右衛門は、登城するのに歩いて出かけたのだろうか。それとも、こんな近さであってもカゴに乗って出かけたのだろうか。登城風景を想像せずにはいられない。

二〇一〇年の秋に『桜田門外ノ変』という映画が公開された。何と言っても見どころは、茨城県に約二億五千万円を投じて建てたという桜田門外近辺の巨大オープンセットだった。

みわは生後半年くらいなので何の記憶もなかっただろうが、私は頭の半分、みわになった気分で、スクリーンの中の桜田門外風景に架空の臨場感を楽しんだ。

　みわが生まれた安政六年の翌年の三月三日（旧暦）、ひな祭りのその日は雪だったという。映画のオープンセットも白い雪景色の中に桜田門がそびえ立っている。カゴで登城する井伊の一行を水戸浪士らが襲撃したのだった。古地図で見ると大老・井伊の屋敷は桜田門外の近くにあって、ひときわ広い敷地を持ち、その権勢の大きさを偲ばせる（井伊家は赤坂近くにも広い屋敷を持っていた。今の紀尾井町という地名は、紀州徳川家、尾張徳川家、彦根井伊家の中屋敷があったことから命名されたというほどだ）。

　二重橋の向こうは、しんとしている。堀には満開の桜が枝を広げている。美しい。ついつい花見気分になってしまう。

　桜田門をくぐり、外に出ると、正面に警視庁、左手に法務省や検察庁。古風な赤レンガ造りの建て物がひときわ目を引くが、現在もまだ使われているのだろうか。

　久世広周は、いわゆる「安政の大獄」（ちょうどみわの生まれた安政六年にかけてだ）を批判して、井伊大老と対立、一時、老中職を解かれていた。井伊大老が暗殺されたことによって老中職に復帰したという。そんな人事異動（？）も含めて、桜田門外の変は大名旗本などにとって驚天動地のできごとだったろう。みわの父・江戸家老だった木村正右衛門の胸中はどんなだったろう。営々として続いて来た幕藩体制のゆらぎを感じずにはいられなかったのではないか。

それにしても……と話は一変するのだけれど、江戸城の面影がほとんどないのが淋しい。ずいぶん前、気まぐれに東御苑を散策したことがあったけれど、ここが「松の廊下」の跡ですという説明はあっても、その痕跡は何もないのだ。多様な樹々があって、自然の散策には適しているけれど、ただそれだけで、江戸城がどんなふうだったかはわからない。

何しろ二百六十何年とかにわたって続いて来た江戸時代なのだ。そこで生まれた文化、風物、感受性などは今の日本にもさまざまな形で息づいている。私は落語好きゆえ、特にそう思うのかもしれないが。

その首都・東京に江戸城が無いというのは、何とも歯がゆい文化的欠落じゃあないか。私はスカイツリーにはまったく興味がないが（高所恐怖症のためばかりではない）、江戸城再建を強く願う者である。実際、江戸城天守再建をめざすNPO法人もあるようだ。それによると、東御苑に五層六階、高さ四十五メートルの建て物を計画しているのだが、皇居を見おろす形にはならないということだ。

## 後日談②

### 牛込どんどん

現在は飯田橋駅前だが、昔は牛込どんどん橋と呼ばれていた所を訪ねてみた。「いくさ」が始まって一家は離散。みわは兄と祖母とともに、祖母の実家である「江戸牛込どんどん橋角《かど》旗本久世下野守」の屋敷に潜伏した。古地図で見ると、神田川にかかる最初の船河原橋の俗称が「どんどん」だったらしく、そのすぐそばに久世右馬吉という屋敷が確かにある。

実は私は一九七七年から八一年頃まで、偶然、この近辺のマンション（というよりアパート？）に住んでいた。船河原橋の次の隆慶橋（古くは立慶橋だったようだ）を渡って最初の路地を入って、すぐのところ。あたりは小さな製本工場があるらしくパッタンパッタンという音が聞こえていた。そんな小さな町工場や生活臭漂う店舗が並んでいた。

なぜその地を選んだかというと、仕事でよく出入りしていた出版社がお茶の水にあったし、当時熱中していたマージャンの常連メンバーが使っている雀荘が、歩いてでも行ける神楽坂近くにあったからなのだった。

　今回、三十年近くぶりにそのアパートのあたりを訪ねてみたけれど、昔の面影はまったくなかった。路地はつぶされ大きなビルがガンと建ち並んでいるばかり。いったい、立ち退きにどれだけの費用が使われたのだろうと唖然となった。

　そうそう。まったくの余談になるけれど、私はそのアパートでパトカー騒ぎを巻き起こしてしまったのだった。

　ある夜、隣室（若夫婦が住んでいた）のドアを乱暴に叩いたり蹴ったり奇声をあげたりしている者がいる。狂気じみているので、こわくてドアをあけて見ることもできない。おびえまくっているところに、たまたま家主のおばさんが用事があって電話して来たので、つい、そのことを言うと、家主は「あ、そう」と言って電話を切った。するとまもなく、サイレンの音を響かせてパトカーが到着したのだった。

　あとで判明したことだが、隣室の夫は泥酔して帰宅。鍵をなくしたことに気づいたのだが妻は不在。それで腹立ちまぎれに当たり散らしていたらしい。パトカーで警察署まで引っ張られて行って事情聴取。翌日、お菓子持参で私の所に謝まりに来た。私のほうこそ早トチリで恐縮した。私の父も祖父も下戸だったので、私は酔っぱらいというものに全然慣れていなかったのだ。

それにしても家主のおばさん（牛込柳町の家に住んでいた）もちょっと早のみこみの人だったと思う。当時まだ銀行のＡＴＭが普及していなかったので、毎月、柳町の家主宅まで行って、現金で家賃を払っていた。家主のおばさんはそのたびにセッケン一個をくれるのだった。たぶん、お中元か何かでもらったものだろう。

なあんて、だいぶ話がそれたけれど、そんな思い出のいろいろも、ガンとそびえ立つビルの下へと押しつぶされた。

かんじんの久世右馬吉の屋敷の話に戻る。当時、曾祖母みわの話なぞまったく知らないまま、私はその地所の脇を毎日のように通り過ぎていたのだった。当時でもすでにして武家屋敷の跡なぞまったくなく、普通のビルが建ち並んでいた。そのビルの中に「コージーコーナー」という喫茶店があって、コーヒー好きの私はたびたび利用していた。「コージーコーナー」があったビルの前には厚生年金病院（現・ＪＣＨＯ東京新宿メディカルセンター）へと通じている道があるのだけれど、古地図にはその道は描かれていない。右馬吉の屋敷はその道を隔てて揚場町のほうにまで広がっている。

揚場町の一角には文鳥堂書店というのがあって、小さいけれど目立っていたのだが、それも今はない。

その文鳥堂書店の角を曲がってすぐの一角に先輩ライター三宅菊子さんのお母さんの三宅艶子さんが住むマンションがあった。確か四階建てくらいだったと思うけれど、ゆったりとした間取りの、感じのいいマンションだった。もしかするとあのマンションも久世右馬吉の地所だったのだろうか。いや、やっぱりそこまでは広くなかったか。あのマンションも今はなく大きなビルが並んでいて地下鉄大江戸線の出入口ができていた。

さて、ここでまた話は大きく脱線する。三宅菊子さんの「いちまき」の話を書きとめておきたい。たぶんもう私以外に書く人もいなくなってしまったと思うので。

三宅菊子さんと出会ったのは七〇年代の半ばだったと思う。菊子さんは私より八歳上で、フリーランスのライターとして雑誌『アンアン』の創刊の頃から主力スタッフとして活躍していた。独得の「アンアン文体」は菊子さんが作り出したと言われていたくらい。

忙しくてアシスタント的な仕事をする人を探している、というので友人に紹介してもらったのだった。小柄で化粧っ気はまったくなく長い髪を引っつめのオダンゴにしている人だった。苦言でも何でもストレートに言う人で、私もちょっと辛い思いをしたこともあったけれど、それより何より、私は菊子さんの才能に惚れ込んでいた。時折見せる自然な愛敬や茶目っ気にも惹かれていた。

ライターとして手取り足取り教えてもらったことは何もなかった。「原稿は大きく読みやすい字で書くこと」――それくらいのものだった。けれど菊子さんの仕事ぶりをまぢかで見て、私は多くのことを学ばせてもらった、と思う。

当時、菊子さんはパートナーの佐藤一さん（十五歳くらい年上。一九四九年に起きた〝国鉄三大ミステリー事件〟と呼ばれる松川事件の被告の一人で、のちに無罪になった人）と伊東に家を建てようとしていて、東京では小さなアパートを仕事部屋にしていた。そこが手狭なので、時どき、お母さんの艶子さんのマンションの一室を借りることも多かったようなのだった。

私が菊子さんといっしょに仕事をする時はたいてい艶子さんのマンションでだった。泊まり込みで仕事をしたこともある。艶子さんは当時六十代だったろうか。いかにもお嬢様育ちといった感じの、ふんわりとした人だった。作家、エッセイスト、人生相談の書き手としても有名な人だった。昭和初期に「モガ」の象徴のように言われ、「モボ」の画家・阿部金剛と帝国ホテルで挙式した時はメディアでだいぶ騒がれたらしい。

やがて、艶子さんのお母さんの三宅やす子さんもまた有名文化人だったということも自然と知った。やす子さんは夏目漱石に師事したこともあり、一九二三年に女性誌『ウーマンカレント』を創刊。ライター、編集者として活躍したという。なんと母娘三代、女性誌有名人。

菊子さんは多くは語らなかったけれど、そもそも三宅家というのが、加藤弘之（帝大総長）も阿部浩（東京府知事、阿部金剛の父）も「いちまき」の一人だという名家なのだった。菊子さんは、白洲正子さん、宇野千代さん、淀川長治さんなど、そうそうたる有名人と親交があったけれど、やす子さんや艶子さんの代からの縁であったのかもしれない。

五年ほど前だったろうか。古着のきもの屋で、半衿にでもしようかと端切れを探していたら、本を十センチ角くらいの大きさに飛ばした絵柄の布があって、あ、面白いなと思って手に取った。よく見ると、著者名に三宅やす子とある本が描かれていた。菊子さんのおばあさんの著書をデザイン化したもの。菊子さんにプレゼントしたいな、と思って買った。

当時、菊子さんが仕事場として借りていた靖国神社横のマンションに持ってゆくと、「あ、これはたぶん父（阿部金剛）がデザインしたんだと思うわ。時どきそういう仕事もしてたから」と喜んでくれた。

パートナーの佐藤一さんが亡くなり、心配していたら、二〇一二年八月に菊子さんも跡を追うように亡くなってしまった。つねづね私は菊子さんに「アンアンの話を中心に回顧録を書くべきだ」とすすめていて、菊子さん自身も「その気はあるんだけどねえ」と言っていたのに。日本の女性誌の最先端を生き抜いて来た母娘三代の流れ。それが、みずから記録されることはなくなってしまったのだった。ほんとうにもったいない。

奇妙に因縁めくようだが……先日、わが部屋の壁に吊るしていた額がちょっと傾いているので、椅子に乗って、傾きを直しながら横文字のサインを見て、エッ?! と驚いた。Kongo Abe とあったからだ。阿部金剛――菊子さんのお父さんの絵だったのだ！　それは私の父の遺品の中にあったもので、ヌードの女の人の姿を墨一色でススッと描いたもので、何となく気に入り、取っておいたものなのだった。サインは見たのだろうが、なぜか阿部金剛とは気づかないでいたのだった。

特に絵に趣味があったわけではないのに、なぜ父はこの絵を持っていたのだろう。父は阿部金剛よりも一回り下の世代になるのだけれど、何かの形で接点があったのだろうか。不思議でたまらない。菊子さんが生きていたら、この絵の話、喜んで報告したのに……。

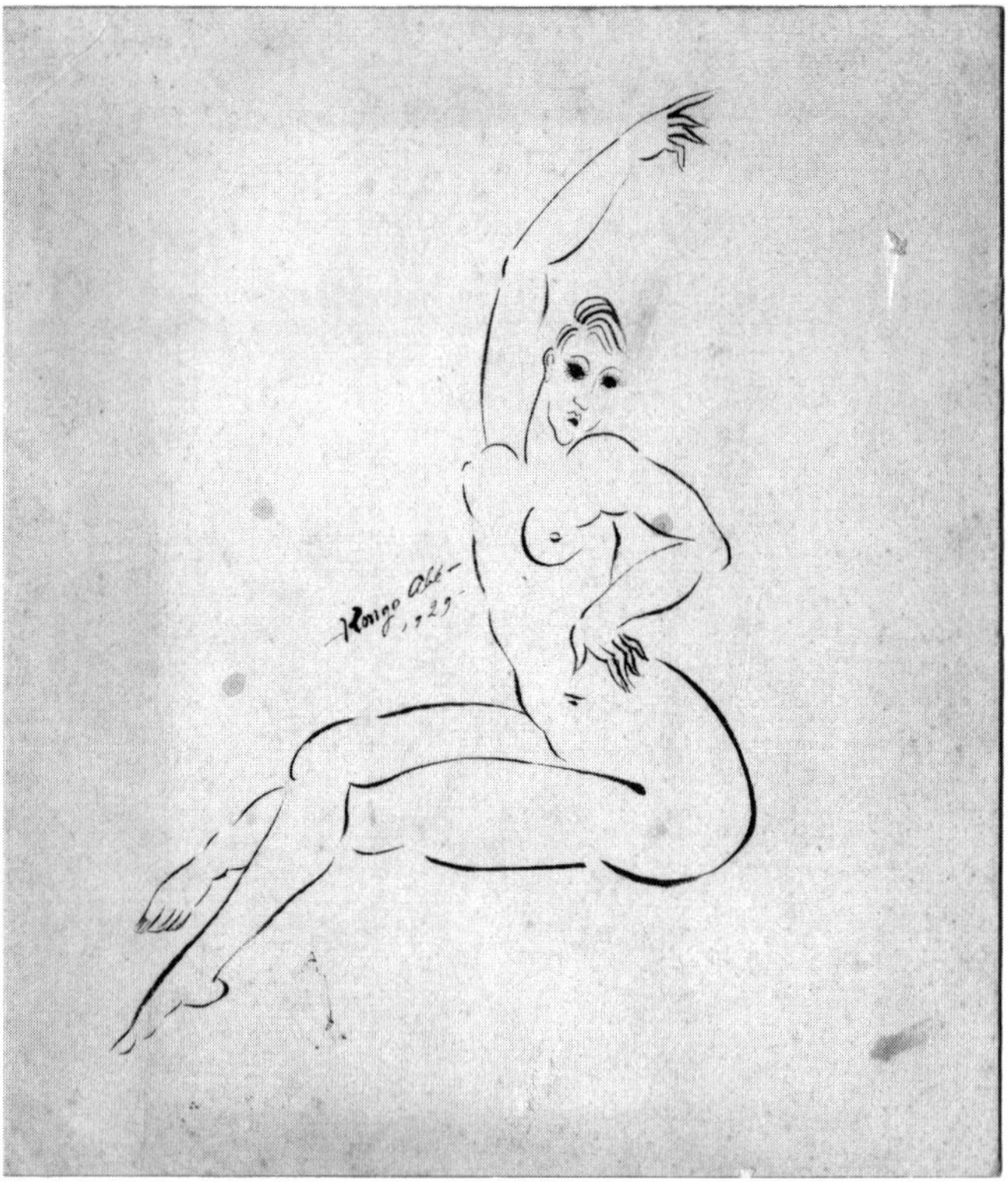

阿部金剛画。サインの下に1929とあり。

## 後日談③

### 関宿

関宿というのは千葉県の最北端に位置している。利根川と江戸川が分かれる、まさにその分岐点にあり、東は茨城県、西は埼玉県になっている。関東平野のほぼ中央に位置し、千葉・茨城・埼玉の三県の接する所だから、関宿はまさに「ディープ関東」と言ってもいいだろう。

その関宿で江戸時代の城が再建されたと知ったのは、いつ、どうやってだかはおぼえていない。再建されたのは平成七年（１９９５年）の秋だったという。父が逝ってから二年後のことだった。その遺品を整理している中で、みわの自叙伝『大夢』をみつけ、それで私は初めて関宿とのゆかりを知ったのだった。

あとで母に聞くと、父は生前に一度だけだったが関宿に行ったことがあったという。私たち子どもには何も言わなかったけれど、父も少しは関宿のことを気にかけていたのだな、先祖のドラマに関心はあったのだな、と思った。

地図で調べてみると、東武線の東武動物公園駅からバスで行けるところらしい。ちょうど妹の子どもが小学生だったので、二人を誘って出かけてみた。城が再建されてまもなくだったのではないかと思う。

ダーッと平坦な土地が広がり、まさに関東平野のまっただなかにいるという感じ。その中を流れる利根川と江戸川の分岐点、小高くせり出した所に唐突に白い天守閣造りの城が建っていた。観光客でそこそこにぎわっていた。

内部は四階建てで、川の洪水で苦しめられながらも水運の要所として栄えた歴史を中心に、関宿藩の変遷や戊辰戦争に関する資料が展示されていた。

勤王か佐幕かで藩が二分された時、官軍（薩摩藩）との融和をはかろうとした家老が杉山対軒という人で、それに反発した一派の家老がわが祖先、みわの父親の木村正右衛門なのだった。

杉山対軒はその後、官軍によって監禁されたあげく、監禁が解かれたあと、反対派の数名の手によって暗殺されてしまうという悲劇的な運命をたどることになる。木村正右衛門は逃亡中だったので、たぶん暗殺事件には関与していなかったはずだ。けれど、杉山対軒と対立していたのは事実なので、再建された関宿城の展示室では杉山対軒の絵姿が悲劇のヒーローとして大きく掲示されていて、その解説文には木村正右衛門は反対派のリーダーとして名前が出て来る。複雑微妙なあの政変の中では、どうしても悪役扱いになってしまうのだった。私は苦笑しながら、そそくさと城をあとにした。

城の外に出ると利根川と江戸川の、まさに分岐点。少女時代のみわは、ここで黒船を見たと書いているけれど、それは外国船ではなく、たぶん日本の川蒸気と呼ばれる船だったのだろう。鉄道のない時代、今では想像もつかないほど水運は断然重要だったろう。木村正右衛門の手記にも船で江戸に出て行ったという記述が何度か出て来る。たぶん……関宿は明治以降の鉄道の時代にうまく適応できなかったのだろう。新しく城を再建したものの、武家屋敷などは全然残っていないので、観光地としての魅力も薄いのだ。私たち（私、妹、その息子）はそうそうに切りあげて東武動物公園へと向かった……。

それから二十年くらい経っているので、記憶もおぼろ。今回あらためて関宿城を訪ねてみることにした。編集者のKさん、Sさんも同行してくれるという。

あいにくの雨天だった。待ち合わせは東武動物公園駅。地下鉄日比谷線に東武線の電車が乗り入れているので私の所からだと、近くの東銀座から日比谷線一本で、一時間弱で到着。

関宿を回るのにバスを使うというのもまだるいのでタクシーを使うことにする。城を見学する間は、待っていてもらうことにする。そんな客は珍しいようで運転手は大はしゃぎ。「社長も喜びますよ」とまで言って、道中あれこれとガイドしてくれた。

関宿出身の有名人と言ったら、まず何と言っても鈴木貫太郎。昭和天皇の信任あつく、昭和二十年のあの敗戦時の内閣総理大臣だった。八月十四日から十五日にかけてのドラマを描いた映画『日本のいちばん長い日』（１９６７年）では、私が大好きな笠智衆が演じていた人物だ。この夏（２０１５年）にも映画化されたが、鈴木貫太郎役は山崎努が演じていた。

鈴木貫太郎は慶応三年（１８６７年）、まさに関宿藩が藩論二分で揺れていた頃、関宿藩領の久世家陣屋（和泉国大島郡伏尾《ふせお》新田）で生まれ、若い頃は海軍軍人として日清・日露の戦争をたたかい、その後は昭和天皇の侍従長に就任。昭和十一年のいわゆる二・二六事件では反乱軍に襲撃されたが、まったく奇跡的に命を取り止めた。「軍人は政治に関与すべからず」という信念の持ち主だったが、敗戦を迎える昭和二十年の春、内閣総理大臣に指名され、固辞したが、天皇陛下じきじきの説得を受けて、就任した。

敗戦処理という大役を果たした三年後、昭和二十三年四月十七日、関宿の自室で眠るように大往生をとげた。八十歳だった。

「ここが鈴木貫太郎の記念館です」と、運転手は誇らしげ。雨に煙る中、記念館はひっそりとしていた。

私なんぞはあんまり縁がないが、「近代将棋の父」と言われる関根金次郎も関宿出身の有名人だ。明治元年生まれと言うから鈴木貫太郎と同世代。明治末から大正にかけて、坂田三吉と何度も名勝負を重ねたというのは、私なぞでも知っている有名な話。

世間一般にはあんまり知られていないけれど、明治の小説家・矢崎鎮四郎《しんしろう》（ペンネームは嵯峨の屋お室）も関宿出身だ。東京外国語学校（現・東京外国語大学）のロシア語科を卒業し、長谷川辰之助（二葉亭四迷）と知り合う。やがて坪内逍遥の内弟子となり、「初恋」「野末の菊」などの著作がある。私は伊藤整の大著『日本文壇史』を夢中になって読んでいた時期があり、その中で矢崎鎮四郎＝嵯峨の屋お室の名前がたびたび出て来るので、知っていたのだった。

関宿町文化財審議会が監修した『まんが　関宿町と関宿城の歴史』で知ったことなのだが、矢崎鎮四郎の父・鉀八郎《こうはちろう》は関宿藩士で、幕末には佐幕派一派に加担して脱藩、上野の卍隊に加盟したという。つまり、木村正右衛門の一味だったのだ……。奇縁を感じずにはいられなかった。

関宿城への道すがら、利根川と江戸川、二つの川の様子もタクシーで見て回った。降りしきる雨に煙って、人気《ひとけ》もなく、何だか冷えびえとした光景だった。

みわが手記の中で描き出していた関宿の光景は、まだ関宿藩も表面的には平穏だったし、みわも幼少期だったので、牧歌的な美しさを漂わせている。

「当時の私の家はずいぶん広大で竹藪や畑もあり、樹木多く、四季とりどりの美しい花も咲きみだれて、池には緋鯉まごいもたくさん居て、屋敷の裏土手は長く長く利根川の有名な権現堂の堤まで連なっておりました。この土手の中段に父は桑を植えて父母自身で養蚕をして生糸を作り、私の七歳の祝着は母の丹精になったもので、また、お茶の木も多く自家用のお茶も出来ました」

映画で言うならソフト・フォーカスで撮られたような、そんな甘美な光景を、私は懸命に目の前の光景に重ね合わせようとしてみるのだけれど、なかなかうまくいかない。何しろ武家屋敷のようなものは全然ないのだから。少しでも江戸のなごりを残しておいて欲しかったと思う。

さて、いよいよ関宿城。平日でしかも雨天というせいもあってか、客は私たち三人だけ。

以前訪れてから二十年くらい経っているのだけれど、そんなに古びた感じはなかった。内部は四階建てになっていて、三階までは河川とのかかわりにちなんだものが展示されている。高瀬舟の復元模型（約三分の一）や水塚（洪水時の避難場所）の復元模型などが目を引く。水運が活発だったので、江戸に出入りする船や人のチェックをするため水関所が設けられたという。そうか、関宿という名称もそこから来ているのかと気づく。水関所があったため、江戸時代はそうとうにぎわっていたようだ。

二階には関宿藩（おもに久世家）の歴史が展示されている。以前訪れた時、悲劇のヒーロー杉山対軒と対比的に木村正右衛門の名が出て来る解説文を読んで、そそくさと立ち去ってしまった所だ。べつだん悪役仕立てにされているわけではないのだけれど、同じ家老でも何しろ杉山対軒の悲劇性のほうが強烈だし、木村正右衛門のほうは時代の中では「負け組」なので、自動的に悪役じみて感じられてしまうのだった。

藩士の甲冑や刀剣なども展示されている。みわの手記に、父・木村正右衛門がいくさ支度をして出て行った時のことが書かれていたのを思い出す。「父は丸に木の字を金糸で刺繡した陣羽織を着ておりました」。丸に木の字というのは、木村家の家紋だ。青山持法寺に木村家の墓を訪ねた時（後述）も、墓石にこの家紋があった。武士はいつでも死の覚悟はあるとはいえ、実際、陣羽織に身を固めた時の、正右衛門の胸中はどんなものだったろうか。

最上階は展望室のようになっている。壁に四方の眺めが解説されていて、そこから筑波山なども見えることになっているのだけれど、雨天なので全然見えない。

城を出ると、脇に土産物店があった。特産品の野菜（ホウレン草が有名らしい）や郷土研究の資料本などが売られていた。ここの客も私たち三人だけだった。

タクシー運転手はあいかわらず上機嫌で私たちを待っていた。社長に何と報告するのだろう。「今日はものずきな女の人たちがいてね……」とでも？

# 第二章　静岡への移住

高祖父・山田大夢

## 沼津での一家再会

上野戦争のあと、会津も奥州も箱館も、薩長を中心とした新政府軍の勝利に終わった。時代はハッキリと江戸から明治へと変わっていたのである。

江戸のラストエンペラー・徳川慶喜は水戸で謹慎を続けていたが、慶応四年（１８６８年）の夏、静岡へと移住した。それにともなって、旧幕臣の多く（八万人とも言われている）が静岡という新天地へと向かうことになる。わが高祖父・木村正右衛門もその一人だった。

逃亡の果て、親類の山田良助（別名・楽《たのし》）の家に潜伏していたが、「自訴センカ、自殺センカ、自訴スレバトテモ助カル可キ命ニモコレ無ク、ムシロ自殺セント幾度カ思ヒシ事アリ」と苦悩している。自殺を思いとどまったのは、良助が静岡に無禄の移住をすると言い、強く同行をすすめたり、親類の久世下野守もやって来て「駿地へ行ク可ク、如何ヤウニモ庇護スベシ」と言ったかららしい。

正右衛門の手記『戊辰後経歴』には移住時の様子がこう書かれている。正右衛門の乗った船は、移住第一便の蒸気船ニューヨルク号だったらしい。

「十月三日、米国御雇船ニ乗組出発ノ事ニ決定……（略）築地本願寺へ集合。夫《ソレ》ヨリ船へ乗リ込ム」

船中は満員で手足を伸ばすこともできず、三度の食事の受け取りが混み合い難儀する。便所の不潔さは言葉で表現できないほどだったという。船中ではめまいがして食欲がない。三昼夜ばかりで清水に着き、清水町稲荷神社前の旅館に投宿する。半年間あちこちに潜伏してきて、初めて味方の地に来たので、やや安堵の思いがしたという。

みわの手記『大夢　中野みわ自叙伝』では、佐倉の續《つづき》という裁判官の家で三年間、子守りをしていたというくだりがあり、「それから間もなく沼津の父から家族を呼び寄せるとの知らせがございました」とあるのだが、「間もなく」と言っても明治五年（１８７２年）の頃だったようだ。正右衛門が静岡に着いてからすぐにではなく、少しは生活のめどがついてからだったと思われる。何しろ当座の間は寺に住まわせてもらい、村から炊き出しを頂くという状態だったのだ。住僧はケチで同宿者を冷遇した。移住者たちはすることもなく、日々の暮らしに苦しんだ。

一緒に来た良助が東京から紅梅焼（堅焼きの煎餅のようなものらしい）の器械を持ってきたので、それを作って売ってみたところ、すぐに売り切れた。翌日は戸を開けるのを待って買いに来る。夜も紅梅焼を十二時頃まで作り、五、六日経って精算したところ一銭の利益もなく、かえって損をした。骨折り損のくたびれ儲け——というのだから、まさに「士族の商法」。

また、知人から猪の肉を買い取り、「山くじら」の看板を出したところ、土地の人で獣肉を食べるものはなく、山くじらの意味も知らず、一人も買う人がいなかったという。

「夜ニ入リ、破レ行燈《アンドン》ヲ点ジ、悄然トシテ二畳ノ不潔極レル畳ニ坐スレバ、破レ壁ヨリ月光ノ漏レ、寒風吹キ入リ、眼前ニ軒ヨリ猪ノ足二本吊ルシタル景状ハ、山村猟師ノ住居トモ云フ可ク、無限ノ感慨ニテアリシ」と正右衛門は書きとめている。

後年の話になるけれど、みわの弟・良《よし》（明治七年生まれ、つまり樋口一葉より二つ下だ）は一高に進んだ俊才で文学青年（秋潮と号した）だったのだが、二十二歳で早逝した。それを惜しんで学友たちが『秋潮遺事』と題する遺稿集を出版したのだが、その中で親友の一人が、山くじら事件の頃の正右衛門について触れている。「静岡を距る東方三里清水湾頭幾百の漁家軒を列するの裡にありて店頭肉をかけて之を売れる巨身の男子は実に当年の関宿藩老の世を忍ぶ仮の姿なりしといふ」――。

ついでに調子に乗って書くと、木村正右衛門＝山田大夢について、沼津の民生委員として活躍した大野虎雄という人がこんなふうに描写している。「（大夢は）長髯を蓄へ、風采堂々、資性頗る淡泊、聊も小事に拘泥せず、所謂君子の風格を具へて居たから、一般の評判も極めて良好であつたと云ふ」（『静岡県郷土研究』9、昭和16年）。

いやー、かっこいいじゃないですか。百年以上さかのぼった血縁者だけれど誇らしい（と同時に、自分を思うと劣化の激しさにも恥じ入らずにはいられない?!）。

ちょっと話がそれた。とにかく、すぐには家族を呼び寄せられる状態ではなかったのだ。

やがて、正右衛門は佐倉藩からの縁故を頼り、沼津兵学校の学問吟味、つまり試験を受ける機会を得る。論語講義、支那近世の歴史の試験に及第。移住して一年四カ月を経た明治三年にようやく定職（沼津兵学校附属小学校の教授方手伝および寄宿寮取締）を得ることができたのだった。家族を呼び寄せたのはおそらくこの一、二年後だっただろう。

みわの手記によれば、一族を沼津まで引率してくれたのは、正右衛門の従弟の吉見精という人だったという。彼はのちに工兵大佐となり、鉄道大隊の最初の隊長となった。その時（引率時）の年はやっと十九歳だったが、体格もよくて二十五、六歳にも見え、万事ゆきとどいた、人柄もよい人で、荷物や宿屋のことまでもよく世話をしてくれたという。

「途中、東京青山の吉見明様と申す精様の令兄の家へ二日程泊めていただきました。

祖母は先にそこに来ていられましたので御一緒になり、それより木村家の先祖代々の墓（青山持法寺）にお参りをして、銀座尾張町の河合忠平様と申す親類へも立ち寄り、駕籠に乗り、品川をへて、神奈川に宿、箱根を越して沼津へ向かったのですが（箱根では福住へ宿）、当時東京横浜間に汽車が通るというところで、品川辺は工事中にて工夫がおおぜいで働いて居りました」

エッ、箱根の福住？　と目が止まる。今や老舗の高級旅館じゃないの。当時はまだ歴史が浅く、旅館の数も少なかったのかもしれないが。

「翌日の四時すぎ三島に着きました。そこには兄が迎えに出てくれました。沼津を通り、沢田村（注・のちの金岡村、今は沼津市）東沢田の父の勤めていた学校に着きました。

その時の家族の者一同の歓喜の有様はひとかたではなく、言葉に尽くされませんでした」

正右衛門も「死者再生ノ心地、互ニ歓《ヨロコビ》ノ涙袖ヲ濡ラス」「僅《ワヅカ》ニ出入五年ニシテ一同無事再会セシハ天幸トイフベシ」と書いている。

そこは字《あざ》笹見窪といって愛鷹《あしたか》山のふもとのくぼ地で、慶喜に従って江戸からやって来た旗本や御家人たちを住まわせるために、その地を開墾させるべく約百軒の長屋があった。長屋はどこも六畳に四畳半二間という狭く貧弱なものだったという。

その中に、やがてみわが嫁ぐことになる中野の家族も住んでいたのだった。中野家は浅草近くの三筋町《みすじまち》にあった、御書院番組屋敷の組頭をしていた。古地図で見ると、小さく中野の名前が出てくる。旗本ではなく御家人、下級官吏だったのだろう。万里子叔母（父の妹）の話では、みわは自分のことを「世が世ならお姫様」と言って笑っていたという。確かに「御一新」がなかったら、家格の違いから、中野の家に嫁いでくるようなことはなかっただろう。

話はもどる。木村正右衛門が山田大夢《たいむ》と名を改めたのもこの時期のことだったろう。みわの手記によると、「父は佐幕党であったがために関宿藩に帰ることを拒んで、士族ともならず、木村の姓はもちろん名を山田大夢と改め」た。

正右衛門、いや大夢の手記によると、明治四年の廃藩置県の際、徳川氏の士族の株を売る者が多かったという。大夢は士族であることを捨てたが、長男・鈔太郎《しょうたろう》のために士族の黒川の名前を買って、黒川正《ただす》と名乗らせている。

## 沼津兵学校

私が大学生の時、父方の祖父・中野得寿《とくじゅ》がこの世を去った。九十歳近かったから、昔の人としては長命のほうだったと思う。

私にとっては家族の死はそれが初めてだったので、葬儀にまつわるあれこれが物珍しく思われた。親戚一同が会する中で、おやっ?! と思ったのは、静岡の沼津から中年の男の人が二人やって来たことだった。親戚といったら東京、群馬、神奈川と関東に集中している中で、沼津というのはちょっと意外だった。祖父の妹たちの嫁ぎ先の子孫であるらしかった。そう言えば、大人たち――祖父母や父母の会話の中に時どき沼津の誰それがという話が出ていたような気がするのだが、子どもの私は関心が薄く聞き流していたのだった。

けれど、今回、この『いちまき』を書くようになって、沼津という地が特別の意味を持って感じられるようになった。曾祖母・みわ（木村家）と曾祖父・安資《やすすけ》（中野家）が知り合い、結婚した地が沼津なのだった。

みわの父は学問があったため、沼津兵学校の教員試験を受け、合格。附属小学校の教授方手伝および寄宿寮取締という職に就くことができ、ようやく家族を呼び寄せることができた。

みわの手記によると、「この沼津学校は当時まだ小学校令も発布されぬ際でしたが、程度はなかなか進んだもので洋算や英語なども課して、西洋人も居て語学を教え、数学などは有名な専門学者がたくさんに教えて居たのでした」。

沼津学校というのは沼津兵学校のことである。沼津兵学校は、明治の初年から五年（1872年）までという短期間であったが、江戸幕府の知の集積を体現したような特異な学校であったらしい。

『沼津兵学校の群像』（沼津市明治史料館）によると、「沼津兵学校は、静岡藩の陸軍士官養成のための学校として、明治元年十二月に設立された。静岡藩とは維新後、旧徳川将軍家が七十万石の一大名として封ぜられたものであり、いわば徳川幕府の後身であった」「沼津兵学校の教授には、頭取西周《にしあまね》以下、旧幕府の優秀な学者・軍人が集められた。姉妹校である静岡学問所の教授陣が開成所系と昌平黌系とから成っていたのに対し、沼津兵学校のほうは、開成所系・長崎海軍伝習所系・陸軍系で構成されており、軍事教育機関としての性格からいっても理数系の比重が高かった」という。

西周と言ったら、オランダに留学後、啓蒙思想家として森有礼らと明六社を創始した人物として教科書にも載っていた人じゃあないか。沼津兵学校は明治五年に新政府の陸軍兵学寮に合併されて消滅することになるのだが、そうなったのも教授がわも生徒がわも人材豊富だったからだろう。

また、『国史大辞典』にはこんな記述もある。

「(沼津兵学校は)最初は徳川家兵学校と称し、のちに沼津学校とも呼ばれた」

「学校は、沼津水野藩が転出したあとの沼津城内に設けられ、二ノ丸御殿が教室にあてられたほか、練兵場・射的場・兵器庫・生徒寄宿舎などが置かれた」

「生徒は資業生・本業生・得業生の三段階進級制で、歩兵・砲兵・築造の兵科に分かれていた。資業生には二百三十名ほどが及第したが、学校の存続期間が短かったため、本業生以上に進んだ生徒はいない。資業生の学課には、書史講論・英仏語・数学・図画・操練などが課せられた」

附属小学校についてはこんなふうに書かれている。

「洋算・地理・体操などの教科や一斉授業方式を採用したり、一般庶民にも入学を許した点などから、近代的小学校の先駆といわれる」

『沼津兵学校』という映画がある。昭和十四年（１９３９年）に作られた今井正監督のデビュー作だ。

　ビデオのパッケージに書かれた解説にはこうある。

「明治新政府樹立と共に、徳川家は一藩士として静岡に封ぜられた。旗本八万騎も同地に移住、これら士族の子の救済の一助として、沼津に兵学校が設立された。日本国初の西洋式訓練による学生生活が開始されたのである」

　西周をモデルにしたとおぼしき西尾周三という校長を慕って沼津兵学校に入学する青年が、物語の主人公となっている。画面はぼやけて見づらいが、沼津城をバックにした軍事訓練の様子など、なかなか迫力がある。主人公は長州出身でしかも町人（カマボコ屋）である。沼津兵学校の生徒の多くは旧幕臣の子弟で、薩長にうらみを持つ者が多かったが、それでも比較的広く門戸を開放していたことがわかる。西尾周三は、やが

映画「沼津兵学校」チラシ
（沼津市明治史料館蔵）

て新政府からの勧誘を受け、「小なるおのれを捨て、国家百年の計につく」と言って東京へと去ってゆく。

兵学校の生徒たちのファッションも見ものだ。たいていの生徒はちょんまげ（月代はなし）を結い、きものにハカマ姿だが、ある者は髪を切り、洋装になっている。軍事訓練の時は、みな洋装の制服である。日常会話でも英語が時どき使われている。主人公はある日、横浜で発行されている新聞（当時の最新メディアだった）というものを初めて知り、新聞記者になろうと決意する……。

江戸時代とは違う、新しい国家意識に燃えた青年群像で、身なりにしても、ふるまいにしても、新旧が混然としているところが興味深かった。

話がだいぶそれたかもしれない。とにかく、みわの父・木村正右衛門（この時期には山田大夢と名をあらためていた）は、そういう沼津兵学校の附属小学校の教員となったのだった。小学校と言っても下は七歳から上は二十六歳までいたらしい。小学校を出て兵学校に合格すれば月々四円が給費されたという。

山田大夢は寄宿寮の取締も兼任していたのだったが、その間に二つの異変に遭遇している。ちなみに寄宿生は十七歳以上二十三歳以下だったという。

一つは出火事件である。寮から四、五間隔てた土手の上に櫓があり、その中に小銃が三千挺と付属品などが入っていた。沼津陸軍三千人の大切な小銃で、二、三日前に入手していたのに、それがいかなる原因でか燃えてしまった。「吃驚《ビックリ》御太鼓門へ駈《カ》ケ付ケ太鼓ヲ乱打サセ、追々人モ集レドモ、内ヨリノ出火、戸ニハ錠前アリ、手ノ下スベキヤウナク、袖手傍観スルノミ」だったという。

もう一つは殺人事件だ。ある夜八時頃、寄宿生橋爪源太郎が駆けて来て「都甲勲が軽口を叩いている。提灯を貸してくれ」と言う。貸し与えて、ただちに後から行って見ると、土手の上の櫓の焼失跡に吹田鯛六が白刃を持って、徳川氏の一勇士を殺したと大声を発し、その脇で木部廉一郎が鯛六の手を押さえている。

事情が全く分からないけれども、すぐに廉一郎を助け、鯛六に組み付き、木部と橋爪に刀を奪い取らせ、鯛六の手を後に束ねた。

「一、二間隔テ、都甲仰向《アフムケ》ニ倒レ居リ側ニ白刃コレ有リ口ヨリ喀血シ、胸ノ辺ニ出血致シ、脈ヲ見ルニ既ニ絶脈」

原因がはっきりしないが、橋爪の言い分では、櫓の焼失跡で月を眺めながら焼酎を傾け、酔って取り乱したうえ両人が剣舞を始め、誤ってこのようなことに至ったという。勲は寄宿生第一の人物であるため、大夢は大いに嘆き惜しんだという。

月下の狼藉。その様子がありありと目に浮かぶ。私の頭の中では映画『沼津兵学校』の一シーンのように、映画の世界の中に溶け込んでしまっている。

みわの兄・鈔太郎《しょうたろう》（黒川正《ただす》）も士官をめざして沼津兵学校の附属小学校で学んでいたのだが、資業生試験の際、近視のため不合格。いっとき進路に迷うが、英語が好きだったため、県費留学生として東京芝三田の福澤諭吉の慶應義塾に入学し、のちに英文学者となって、静岡中学校や陸軍士官学校で教えるようになる。そう言えば、映画『沼津兵学校』の主人公も福澤諭吉の『西洋事情』を愛読していた。広く海外に目を向けようという新時代の息吹が、福澤諭吉という人物に象徴されているようだった。

父・大夢も沼津兵学校関連の学校の校長を歴任し、明治十五年（１８８２年）には静岡師範学校の第四代校長になる。

みわの手記の終盤はそんなふうに兄や父のその後について書かれているばかりで、自身の生活ぶりについては触れられていない。唐突に「私はその後、十七歳にて当、中野家に嫁して参りました」とあるだけだ。うーん、淋しいじゃないの。沼津での生活のディテールを少しでも書き残しておいて欲しかった。

結婚へのいきさつもわからない。かろうじて手記とは別に中野安資（みわの結婚相手・つまり私の曾祖父）について簡単なメモのようなものがあるのだけれど、文章がガタガタしているうえに字が乱れていて、ひどく読みにくい。

頑張って読んでみると、結婚した時は安資は二十二歳。どうやら山田大夢の教え子だったらしく、人柄をよく知っていたので結婚を許したらしい。当時、安資は群馬県の下仁田《しもにた》町の小学校の校長として赴任するところだったようだ。

全然確証が取れていないのだけれど、数年前に茂子叔母（父のいとこ・花田家）から妙な話を聞いたことがある。安資は若い頃、新島襄と共にあちこちに行ってキリスト教の布教をしたという話だ。いったい、いつ、どうして新島襄との接点を持ったのか、わからない。叔母の、何か勘違いなんじゃないかと思っているのだが……安資の赴任地の下仁田は安中と隣接している町である。そして新島襄はよく知られているように安中藩の出身者である。何らかの人脈があって、安資は下仁田に赴任することになったと考えられなくもない。

中野家の墓は浅草にあり、寺は曹洞宗で、みわはそこに埋葬されているのだけれど、みわの遺品の中に宗教画と聖書があったことや、晩年まで教会に行っていたという話も思い出される。万里子叔母（父の妹・巣鴨の武荒《たけあら》家）に言わせると「宗教心というより、若い人たちとおしゃべりできるのが楽しかっただけなんじゃない？」ということだったが。

## 後日談④　沼津

私と編集者のKさん、Sさんは静岡の蓮永寺（後出）をあとにして沼津へと向かった。三島から東海道線に乗り換えてすぐだった。

何か沼津兵学校をしのぶ手がかりがあるんじゃないかと思ったのだが、兵学校があった沼津城は、明治六年（1873年）の廃城令を待たずして完全に破却されている。あとかたもない。わずかに、市内大手町の城岡神社に「沼津兵学校記念碑」が建てられているくらいだが、これは一九九一年に新しく立て直されたものなのだった。

市内に「沼津市明治史料館」があるので訪ねてみた。入り口には江原素六《そろく》の銅像があった。

この史料館では年四回ペースで史料的な小冊子を発行しているのだけれど、さすがに兵学校関連の特集号が多かった。

明治の初めはすでに写真の時代だったのだ。「明治4年度、沼津を訪れたイギリス人が撮影した沼津兵学校の生徒たち」と題された写真が小冊子に残っていて、生徒たちは和装とはいえ、みな断髪である。チョンマゲ姿ではない。明治の初めのドラスティックな変化の様子がうかがわれる。

「沼津兵学校は明治元年、江戸から静岡に移住した徳川家によって静岡藩の藩校として創立された。旧幕府の教育的遺産を受け継ぎ、西洋の学問の新しい取り入れ口としてその高い教育水準を誇るとともに、教授陣や生徒などから多くの優秀な人材を輩出しました」（『沼津市明治史料館通信』第6号）

歴史に詳しくない私なぞでも名前くらいは知っている人としては、西周と江原素六だ。西周は津和野藩出身で森鷗外の親類。江戸幕府の命令で榎本武揚らとともにオランダに留学。帰国後は徳川慶喜の顧問となった。徳川家によって開設された沼津兵学校の初代校長に就任。明治六年には森有礼や福澤諭吉らと共に「明六社」を結成。西洋哲学の啓蒙につとめた。

江原素六は江戸幕府御家人の子として貧しい家庭に育ったが、鳥羽・伏見の戦いでは幕府側指揮官として活躍する。沼津に移住してからは沼津兵学校や駿東高等女学院（現・県立沼津西高校）設立に尽力。東京に麻布中学を創立したことでも有名（麻布中学・高校と言ったら、小沢昭一、フランキー堺、加藤武、矢野誠一など私が敬愛している人びとを輩出している学校だ)。

そんな多士済々な教授陣の写真の中に万年千秋の名前(と写真)を発見したのはうれしかった。万年千秋は、みわの弟・山田良《よし》が「ゆかしき琴の音」と題して、恩師を訪ねた時の話を小説ともエッセーとも言えない形で描いた、その恩師なのだった(九一ページ参照)。確かにおだやかな、ゆったりとした風貌の人だった。

沼津兵学校はわずか三年あまりという短い期間の学校だったが、教授陣、生徒陣、それぞれ有能な人材が揃っていたせいか、兵学校が消滅したあとも、人間関係は密に保たれていたようである。のちに人材たちが一堂に会した写真が何種かあって、多くの人は明治人らしく口ヒゲ、あごヒゲを蓄えている。

そう言えば、みわたちを沼津まで引率したのは、大夢の親類である吉見精で、この人も沼津兵学校附属小学校の生徒だった。生徒の中では珍しく佐倉藩からの入学で、みわの手記によると「のち工兵大佐となり、鉄道大隊の最初の隊長となった方」だそうで、沼津市明治史料館発行の『沼津兵学校の群像』という冊子には黒川正と共に顔写真が掲載されている。

黒川正はのちに金城隠士と号して、英文学研究のかたわら、エッセーを書くようになったが、その中で「沼津小学校は、小学校といふても、勿論今日の意味の小学校ではなかつた、時代を比較すれば、今日の中学校以上であつた。小学校といふたのは、兵学校の事を通俗に大学校と唱へて、ゐたからであるので、之に対する比較語である」。小学校はあっても中学・高校はなく、上はいきなり兵学校だ。生徒の歳も今とは違ってだいぶ年長だったのだ。みわの手記でも「(沼津へと引率してくれた吉見精は)その時の年はやっと十九歳でした」とある。今で言ったら高校生ほどの年代か。

吉見精
(永嶺年子氏寄贈　沼津市明治史料館蔵)

山田大夢は上野戦争で敗走してから、どん底の窮乏生活をおくった。家族離散の中で、一人、死を思う日々が続いた。それが、学問があったために沼津兵学校の小学校教授手伝い(および寄宿舎管理者)として、もぐりこむことができたのだった。もし大夢が沼津へ行くことを決断しなかったとしたら……みわと曾祖父・安資(やっぱり江戸から沼津に流れて来ていた）の結婚もなく、私はこの世に存在しなかったかもしれないのだった。

静岡も沼津も特別にローカル色豊かな街という感じはしなかった。祖父母が生きている頃、時どき沼津の親類の話が出ていて、何だかずいぶん遠い所のように謎めいて感じていたのだけれど……。ここもまた武家屋敷が残っているわけでもなく、ビル街やシャッター商店街が並ぶ、平成の街並なのだった。私は静岡の大夢たちの墓参りができたことで「たどりついたな」と、何だかホッとしている。

KさんとSさんはパラソルをさして、私はつばのある帽子をかぶって、強い日ざしの街を歩く。「沼津と言ったら沼津港。お寿司でも食べましょうか」と言い合ってイソイソと駅前ビルへと吸い込まれて行ったのだった。

# 第三章　山田大夢と息子たち

## みわの兄・黒川正

曾祖母・中野みわの回顧録を中心にここまで書いてきたけれど、その父と兄の姓名が何度か変わってゆくのには煩瑣で閉口した。

まずみわの父だが、みわが生まれた頃は木村正右衛門正則（正規という記述もあり）を名乗っていたが、それは二十歳の時、下総《しもうさ》の佐倉藩の岩瀧家から同国関宿《せきやど》藩の木村家に養子に入って家付きの一人娘・珠《たま》と結婚したからであり、正右衛門という名前は関宿藩の家老職だった木村家に伝わる名前なのだった。つまり、二十歳までの姓は岩瀧だったわけだが名前は正則だったかどうかはわからない。

正右衛門は佐幕派のリーダーだったため、幼君を擁して上野の彰義隊に加わったものの、官軍の猛攻の前になすすべもなく敗走、幼君を関宿藩に戻した後は、各所を転々、みじめな潜伏逃亡生活を送る。やがて多くの旧幕臣同様、慶喜公に従い静岡に無禄移住する。一時、潔という名前を名乗るが、沼津兵学校に職を得た頃から山田大夢《たいむ》と名乗るようになる。

山田という姓は、親しくしていた父方のいとこ山田良助（別名・楽《たのし》）にちなんだものらしい。要するにもともとの姓から二度変わっているのだ。潜伏逃亡している時には他にも偽名を使っていただろう。

いっぽう、みわの兄は三歳年長で、もとは木村鈔太郎《しょうたろう》正節（正太郎正時という記述もあり）だったはずだが、少年時代がちょうど一家離散の逃亡期にあたっていたので、常太郎、庸太郎などの偽名を使っている。ようやっと一族が再会したのは沼津でだったが、その頃も一時、木村の本家の姓から服部潕《ひろし》と名乗っている。

山田大夢は佐幕派だったため関宿藩に帰ることを拒み、士族ともならず、木村の姓を棄てたのだったが、息子の将来のために、黒川という士族の株を買った。それで鈔太郎は黒川正《ただす》と名乗ることになった。というわけで、こちらも歴史の荒波にもまれてたびたび姓名を変えざるを得なかったのだ。

山田大夢はその回顧録『戊辰後経歴』の最後にこう書いている。

「古今稀《マレ》ナル世変ニ遭遇シ、志モ立ズ徒《イタヅラ》ニ潜匿《セントク》流浪シテ、艱難《カンナン》苦辛《クシン》ヲ嘗《ナ》メシ事ノミ記シ置クモ、恥《ハツ》カシキ事ナレドモ、他人ニ見スベキニアラズ」

それをあえて記した理由の一つには、数回姓名を変え、親子兄弟の姓が異なり、末孫になって先祖の系統がわからなくなる恐れがあるからだ、と大夢は説明している。正の黒川は株を買ったためなので、先祖はあってもほんとうの先祖ではない。良《よし》（注・みわの弟。明治七年生まれ）の山田は自分が山田の領地を相続したわけでもない。やむを得ず山田の姓を名乗ったので、これまた先祖はない。

であるから、両人はともに木村家の子孫と心得、先祖の祭祀を怠ってはいけない……。

大夢は明治二十七年に上京した時、こうつづっている。

「嗚呼《アア》此ノ一大変革ノ世ニ処シ、東今敗レテ幼君ヲ救護シ、所々潜伏、死生ノ分ルル其ノ間髪ヲ容《イ》レザル、危難ヲ幾回カ経テ、令茲《レイココ》ニ六十有六歳ノ寿ヲ保チ、子孫繁盛ニ至リ、先祖ノ祭ヲ絶タザルハ天幸ト云フベシ。

于時《コレトキ》　明治廿有七年六月　東京本郷区丸山新町十六番地　小野脩宅寓居中　大夢記」

みずから何度か姓名を変え、その子どもにも先祖とは異なる姓を与えたけれど、心はあくまでも下総関宿藩の木村家にあるのだ、と言っているのだった。

明治二十七年と言ったら、今から百二十一年前だが、この「敗者」の祈りにも似た気持は、遠い子孫の私にも、胸の奥に響く。

さて、みわの兄・黒川正について書いてみたい。

みわが桜田門の関宿藩邸で生まれたというのには「エッ、そんな所で?!」と驚いたが、兄の正はその三年前の安政三年（1856年）、大名小路（今の丸の内ですね）の関宿藩邸で生まれている。実は嘉永六年（1853年）に長男が生まれていたのだけれど、命名もしないまま一週間で死去していたのだった。それで正は実質的には長男として育てられた。

父が上野戦争で敗走することになって、一家は離散。正は十二歳、みわは九歳の頃だった。正とみわと五十六歳の祖母は、しばらく牛込どんどん橋角《かど》の、親類である旗本・久世下野守の邸にかくまわれていたが、やがて佐倉の岩瀧家の近くに身をひそめることになる。そこで正は官軍の士三人に見とがめられ、潜伏先まで案内させられるという危ない目にもあっている。

その後、みわは佐倉の知り合いの家で三年ほど子守りをし、正は横浜の茶商で奉公する。静岡に無禄移住した大夢は、明治三年（1870年）二月、沼津兵学校附属小学校教授方手伝、兼、兵学校寄宿寮取締に任ぜられた。

大夢は何よりも嫡男・正の教育が心配であった。五月には正を横浜から手もとに引き取ることができた。正は十四歳になっていた。さっそく兵学校の附属小学校に入学させた。

明治六年、アメリカ帰りの江原素六《そろく》が、附属小学校を発展させた集成舎を創設。十六歳の正は、変則科（中等教育科）の最初の生徒の一人となった。江原は何としても外国人教師を雇って英語教育を奨励したかった。正も横浜で一年半ほど茶商に奉公した経験から英語学習の必要性を痛感していた。だからキーリングというイギリス紳士が教師としてやって来た時は、自宅にまで押しかけて熱心に英語を学んだ。県費留学生として東京三田の慶應義塾で学んだというのは、たぶん、そのあとのことだと思う。

正は明治八年、新設の静岡師範学校教諭として赴任した。

そのあたりの事情は『静岡県近代史研究』第二十三号（一九九七年十月発行）の資料「金城隠士『静岡時代の回顧』──付　黒川正小伝」に詳しい。黒川正の小伝の著者は郷土史家であり、黒川正の曾孫《ひまご》である市原正恵さん（二〇一二年七月死去）。つまり私にとっては曾祖母みわのお兄さんの曾孫というわけで貴重な「いちまき」なのだった。私は十数年前、『会いたかった人』という著書に曾祖母みわの話を短く書いたことがあり、それが市原さんの目にとまって、いくつかの資料を送っていただいたのだった。

市原さんは「黒川正小伝」の中でこんな、おやっ?!　と思わせることを書いている。黒川家の菩提寺、静岡市沓谷《くつのや》の蓮永寺に親族たちと詣でた時のことだ。

「黒川家の墓域には、三基が並んでいる。右から山田大夢、真ん中に黒川正、左が黒川正《まさ》事《こと》（注・正の長男。つまり市原さんの祖父にあたる）。案内の僧が『黒川さんはヤソですか』と問うた。正の墓の形状がキリスト教式なのである」

その写真も添えられていて、山田大夢の墓はごくオーソドックスなものだし、黒川正事の墓は大きな石を自然の形のまま立てたものなのだけれど、黒川正の墓は四角い石をフラットに置いた西洋風のものなのだった。

確かに黒川正はクリスチャンだったらしい。

一九九五年に私は『「敗者」の精神史』（山口昌男、岩波書店）という大著を興味深く読んだ。わが家のルーツなんぞはほとんど知らないまま、私が何となく惹かれる作家や画家や趣味人は、どうも明治維新の敗者のがわの人が多いなあと漠然と感じていたからである。ぶあつい、その本の中で「幕臣の静岡」と題された章がある。そこで山口昌男さんはこんなふうに書いている。

「静岡・沼津の幕府及びその子弟による非薩長的知的文化の結成の一つの核として、沼津兵学校が果たした役割についてはすでに述べたところである。

他方もう一つの核として静岡の教会（静岡バンド）に集った人士の流れをあげることが

出来る」

「敗者」である旧幕臣の子弟たちの独自の文化的支柱になったものは、沼津兵学校と静岡バンドだというのである。

「横浜バンド、熊本バンド、札幌バンドと並んで、静岡においては静岡バンドが形づくられた……（略）そして、E・W・クラークによる賤機舎《しずはたしゃ》の洋学が、数多くの幕臣の子弟に洋学に接触するきっかけを与えたのであった」

E・W・クラークは札幌のクラークとは別人である。こちらのクラークは蓮永寺（大夢と黒川父子の墓をはじめ、江戸から移った武士たちの墓がたくさんある）を宿舎として、馬に乗って学校（賤機舎）に通っていたという。黒川正が私淑し、受洗したのは、クラークのあとで静岡に来たカナダ人の宣教師にして医師のマクドナルドだった。

黒川正はこう書いている。「英語を学ばんが為めに基督教に接近する者頗る多し。僕等同志者の如きも皆其れにして、洗礼を受けたるは嘘から出た真なりき」

黒川正のエッセー「静岡時代の回顧」によると、マクドナルドの英語研究所「賤機舎」の生徒の数はわずかに十名内外で、「山中笑《えむ》君が幹事役で、総て世話をしてゐた」とある。山中笑と言ったら山中共古《きょうこ》じゃないか！　とハッとなる。

メソジスト最初の牧師として活躍するかたわら、民俗学や考古学的関心も強く、柳田国男にも大きな影響を与えた人として、私の中では有名なのだ。

『「敗者」の精神史』の中で著者・山口昌男さんはこう書いている。「柳田は二十四歳年上の山中共古に年長者としての敬意を払い『大人』と呼んで、教示を乞うという形で文通は続けられる」

そんな大物を「山中笑君」なんて君よばわり——と、私はミーハー的にうれしくなってしまう。

黒川正によると「ドクトル（マクドナルド）は耶蘇だといっても、未だ嘗て人の反抗を買た事がなかつたのを僕は当時世間の事情に照らして寧ろ不思議に思つてゐたが、畢竟ドクトルは医者宣教師とて博愛を標榜して来れるに由るべし」。「ドクトルは恩を施し徳を布《しい》て、人心懐柔には少からず腐心してゐたから、容貌傀偉なるに拘はらず人を魅する一種の力を有してゐた」と追慕している。

黒川正は大正五年（１９１６年）、六十歳で亡くなった。

黒川正

黒川家の墓　左より黒川正事・黒川正・山田大夢

## みわの弟・山田良

みわの弟・山田良《よし》について書いてみたい。

兄弟なのになぜ苗字が違うかというと、父親が幕末に佐幕派のリーダーだったため、官軍の猛攻の前になすすべもなく「敗者」となり、父自身も家族も数年間、潜伏逃亡生活を余儀なくされたからである。父は下総関宿《しもうさせきやど》藩の江戸家老、木村正右衛門の名を捨て、山田大夢《たいむ》と名乗り、士族になることも拒んだ。ただし、嫡男の正《ただす》に対しては将来のことを考え、黒川という士族の株を買って、その苗字を与えたのだった。

二男の良が生まれたのは、大夢が沼津兵学校に教職を得て、チリヂリバラバラだった家族を沼津に呼び寄せ、ようやく生活も安定するようになった明治七年のことだった。

残念なことにみわの回顧録には兄の話は出てきても弟の話は出てこない。幕末の動乱期の話が中心なので仕方ない。また、みわと良とでは一回り以上も歳が離れている。みわは十七歳で中野の家に嫁いでしまったので、良のことは二、三歳の頃のことしか身近には知らなかったはずだ。

それでも何か少しは書き残してくれていたらよかったのに……と私はうらめしく思う。なぜなら私は良という人物に関心があるのだ。良は静岡尋常中学校から一高に進んだ俊才で、明治二十九年、二十二歳という若さで結核でこの世を去ってしまったのだけれど、「秋潮」と号して何編かの評論やエッセーを好んで書いていた。それらは友人たちの手によって『秋潮遺事』という遺稿集となって残っているのだ。

その遺稿集を中心になって編集した学友・平田喜一によると、「秋潮子は厭世悲歌の士なり。この故に時に詩歌風流の境をさぐり、また時に禅門に出入して仏家の玄味をも汲み給ひしことあり。然《し》かも気節を貴び、正義を重むじ、常に志を経世の上におきて、希望を現実の世界にかけ給ひき」という人物だったらしい。

「辛苦と快楽と」とか「政党論」とか、私なんぞには歯が立たない漢文調の硬い論文が続く中で、私が「おやっ?!　珍しく軟かく読みやすい文章じゃないの」と思ったのは「ゆかしき琴の音」と題された一編だ。

もう東京の学生になっていた頃のことだったろう。久しぶりに故郷・沼津を訪ね、おおぜいの懐しい人びとに会った後、良は「万年氏」の邸を訪ねる（あとで調べたところ、おそらくそれは沼津兵学校の教授だった万年千秋氏だと思われる。『沼津兵学校の群像』という冊子の中にその写真も掲載されているが、確かに渋い品格のある風貌の人である）。

まず、万年氏の家の女中で、息子・真清氏の乳母だった女の人についての描写が素敵だ。彼女は万年氏の家につかえて二十余年も経っていて、ほんとうの家族のようだったという。万年氏が十余年前に武官の職を辞して東京から沼津に移る時にも従ってやって来た。良はこう書いている。「彼女が風姿いかに上品なる女中風なるよ　彼女は実に士族女中の標本なり」

万年氏は器用な人で、自分の畑に植えた桐の木にて、てずから一張の琴を造ったという。良たちが邸を辞去しようとした時、例の女中がその琴を取り出して見せてくれた。そこで万年氏は娘の綾子に向って一曲を所望した。綾子は一度はそれを遠慮したものの、万年氏が重ねて「綾子、弾ぜよ」と言い、例の女中も「嬢さま遊ばせ」とすすめたので、綾子は良たちのために一曲を演奏したという。

「沼津の里の乙女子が琴ひきならす顔ばせは朝日ににほふ桜花　年は二八のうら若き梅の小枝に鶯の初音を歌ふ風情なり」うんぬんと、ここに来て良の文章がグーンとハイな美文調になっているのがほほえましい。

さて、いよいよ辞去する時間となった。例の女中に停車場まで見送ってもらい、汽車に乗ると、ちょうど万年氏の邸の裏を通り過ぎようとする。それを見れば「楊柳岸頭翠黛の人あり　佇立して汽車を目送す　凝視すれは是《これ》なむ前の弾琴の姫」――。

江戸風の品格をとどめるベテラン女中。旧幕臣の主人の手作りの琴。うら若き令嬢のかなでる琴の音。そして裏庭に立っての見送り……。なんと風雅なものじゃあないか。静かな映画の一場面のように鮮かに目に浮かぶ。

山田良の遺稿集『秋潮遺事』にはこのほか漢詩と和歌がいくつか収録されている。漢詩はまるでわからないが、和歌のほうはちょっと平凡に思った。やっぱり「ゆかしき琴の音」が一番面白い。

編集代表者の平田喜一のまえがきによると、運悪く自分が住んでいた家が火事になって、良や友人たちの書いたものがことごとく焼失してしまったという。そのため、あらためて良が書いたものを探し出したり、友人たちに書き直したりしてもらったので、出版までたいそう日にちが経ってしまったのだという（出版は明治三十一年）。

火事がなかったら、「ゆかしき琴の音」風の著作がまだ他にも読めたのかもしれない。

さて、ここで平田喜一という人物に注目したい。平田喜一のペンネームは平田禿木《とくぼく》である。私はそのことを伊藤整の大著『日本文壇史』で知った。

禿木は同世代の樋口一葉の、今で言えばグルーピーで、一葉の家に出入りして、文学について語り合っていた。一葉の容姿については多くの人があれこれと描写しているけれど、私は禿木の描写が一番、真に迫っているのではないかと思っている。

「容姿に於ては、一言にして云へば、紫式部ではなく、清少納言に近いのであつた。我々仲間ではブロンテ、ブロンテとよく女史を呼んでゐたが、全くその通りであつて、決して綺麗な人ではなかつたのだ。色浅黒く、髪は薄く少し赤味がかつてゐて、それをぎゆつとひつつめに結つてゐ、盛装などとても似合ふ柄ではなく、唯興に乗じ、熱し切つて談じるといふ際は、その眼がとても美しく、魅するやうに輝くだけであつた」

これは禿木の『文學界前後』という本の中に出てくる一節なのだが、その本の中に山田良の話も出てくる。

「寮では必ずしも孤りぼつちでもなかつた。静岡から来た山田良といふ青年がゐて、この男とよく心境を語りあつた。（略）山田君は一高在学中に早世したが、丹念な男で、その頃もよく克明に日記をつけてゐたので、それが今保存されてゐたら、我々青年時代のことがもつとよく分るかも知れない。

山田とは午後などよく散歩に出かけた。いつも谷中天王寺へ行くのであつたが、校庭から望むあの塔の姿に誘はれてゞ、その頃既に出てゐた幸田露伴氏の『五重塔』からも興味を唆られたのである。露伴氏は当時、あの塔前を左へ少し行って更に右に行き、日暮里の方へ抜ける細い横町の奥の、庭に松の老樹の蟠踞してゐる、茅葺き屋根の茶室のある家に住んでゐた」

禿木の『文學界前後』は伊藤整の『日本文壇史』の重要資料になっているので、当然、『日本文壇史』にも、そのあたりの話が出てくる。

「平田はその後山田という親友としばしばその辺（注・露伴の家のあたり）を散歩した。時には平田は露伴の家の前から日暮里へ出、それからまた西方へ折れ、学校の北側に当る団子《だんご》坂《ざか》に出た。するとそこの坂の途中にこの年の一月に移って来た森鷗外の家があった。そこを通って平田たちは学校の寮に戻るのであった」

私が『日本文壇史』にはまったのは十五年くらい前だったかなあ。もともと明治文学には興味があったので読み始めたのだけれど、伊藤整はたくさんの資料を駆使して、明治文学のういういしいエネルギーを描き出していて、いっぷう変わった青春群像ドラマとしても楽しめた。

そんな中で、私は平田禿木の親友として「山田」という名を発見したのだった。平田禿木＝平田喜一と知り、山田＝山田良と気づいた時はちょっと興奮した。もしかして、このくだりに出会うために『日本文壇史』に何となく惹かれて読み始めたんじゃないか?! 何かに操られているかのように感じたのだった。

さて、ここに一枚の写真がある。今にも消え入りそうな、ボケボケの古い写真である。幽霊のごとく二人の人物が写っている。裏を見ると、明治二十五年六月廿五日　山田大夢六十五年　二男、山田良　十九年——と毛筆の読みづらい字で書いてある。

山田良の写真はこれしかない。坊主頭で白っぽいきものを着て、少し濃い色のハカマをはき、左手に麦わら帽子のようなものを持って立っている。その隣りには白いヒゲをたくわえた山田大夢が椅子に腰かけている。台紙を見ると東京浅草公園の鴨下松渓という写真師が写したものらしい。

私の最大関心事——良の顔は美男とは言えないが、かと言って不細工でもない。目もとに鋭い線がある以外は、これと言って癖のない小ざっぱりとした顔である。

写真がボケボケなのは、たんに歳月が経っているせいだけではない。写真の裏側には私の祖父・得寿《とくじゅ》（つまり、みわの長男）の筆蹟で、この写真は月島を襲った水害（おそらく大正六年の高潮水害）でダメージを受けたという意味のことが書かれているのだった（中野の家は、明治の終わりから大正にかけては祖父の勤め先があった月島にあった。父はそこで生まれた。まったくの偶然だけれど、ちょうど私がこの三十年来住んでいるマンションの近くらしい)。

『秋潮遺事』に寄せられた平戸大という友人の「山田良君の傳」によれば、良は「明治廿九年五月七日の夕　突然喀血すること数回」「十六日　氏の疲れたる瞼は全く閉ぢてまたひらかず」「悲哀に沈みたる君か親戚と悄然たる百余の友人とは遺骸を護して青山南町なる持法寺に葬る」「同郷の友同窓の士交々立ちて弔辞を述ふ　一座粛然たり」「槐樹《えんじゅ》低く枝を垂れたるの所一基の墓標空しくたつ者は此純潔なる青年か永久に眠れる処なり」とある。

私はこの幽霊写真をジーッとみつめる。夭逝の山田良は、私にとって明治を身近に感じさせる、たいせつな「いちまき」である。

天逝した山田良（右）と父・大夢

## 後日談⑤

### 静岡

わが高祖父・山田大夢は「流転の人」だった。

生地は千葉県の佐倉だったが、関宿藩の重臣・木村正右衛門の娘・珠《たま》の婿養子となり、江戸家老を勤める。幕末、上野の彰義隊に参加し、みじめな敗走。知り合いの家に潜伏。一大決断をして沼津に移住した。

旧幕軍は官軍に敗れ、徳川家とその家臣たちは、静岡に集められた。日本を統治する公方様ではなく、日本の一地方の藩、ワン・オブ・ゼムという扱いになったわけである。

大夢は沼津兵学校附属小学校の教授方手伝や小学校の校長を経て、最後は静岡師範学校校長になった。墓は静岡市の蓮永寺にある。佐倉、関宿、江戸、沼津と流転して来た、その終着の地は静岡なのだった。

長男・黒川正の項でも書いた通り、静岡の蓮永寺には、山田大夢、黒川正、黒川正事《まさこと》（正の長男。系図によると大倉組のニューヨーク支店長だったという）――この三基の墓がいっしょに並んでいる写真がある（八九頁参照）。
「はるかな子孫の私。思いがけなく幕末から明治にかけての動乱の歴史に触れることになりました。あなたが書き残したもの、私の心の深い所を揺り動かしました。ありがとう。安らかに」と言ってみたくて、その墓を訪ねてみることにした。

梅雨明けのカーッと暑い一日だった。おなじみのKさんSさんも同行してくれるという。静岡は遠く感じたけれど、新幹線に乗ってしまえば、何のことはない。すいすいと着いてしまう。明治の初め、わが曾祖母みわは、カゴに乗って、品川あたりで鉄道工事をしているのを見、神奈川で一泊、箱根の旅館「福住」で一泊という長い道中を経て、やっと、沼津で歓喜の一族再会をしたのだった。

さて、私たちは静岡駅からタクシーで蓮永寺へと向かった。有名なお寺らしく、運転手にはすぐに通じた。やや郊外に出た所に、蓮永寺はあった。思っていた以上に立派な門構えの広いお寺だった。

横に寺のいわれを書いた札が立っていて、何でも「お万の方」の発願によって建てられた寺で、「お万の方」は水戸黄門の名で知られる徳川光圀の祖母にあたる人なのだという。勝安房の母と妹（佐久間象山の妻）の墓もあるという。

敷地は緑豊かで広大そうなので、まず寺務所で大夢の墓の位置を教えてもらうことにした。「山田大夢や黒川正の親類の者ですが……」と言うと、すぐにわかってくれて、大きな地図を広げて場所を説明してくれた。「ちょうど黒川家から新しい卒塔婆をあずかっているところなのだけれど私は足が悪い、ついでにまつってほしい」と頼まれた。

炎天下、墓を探しあぐねてウロウロするのはイヤだなあ、と思ったけれど、案外すんなりとみつかった。少し小高くなった、見晴らしのいい所に三基並んでいたからだ。古びて文字は読み取れにくくなっていたけれど、まんなかの黒川正の墓がいい目印になった。日本式にタテに建てられたものではなく、西洋式に水平に置かれたもので、埋葬当時、寺の人に「おたくはヤソ（クリスチャン）ですか？」と聞かれたという墓である。

三つの墓に水を掛けると、ほんの少しだが字が浮かびあがって来た。最も古い山田大夢の墓の文字も浮かびあがって来た。大夢は文政十二年（１８２９年）生まれで、明治三十三年（１９００年）の春に亡くなっている。百年以上前の墓なのだ。あと何十年かしたら、この文字も全然読み取れなくなってしまうだろう。

一番新しい黒川正事の墓前には、最近訪れた人があったのだろう、たむけの花の枯れたのと、やけに鮮かな花が生けられていた。鮮かな花は、よく見たら造花とわかったのだが。

とにかく、顔も名前も知らないが、「いちまき」の人たちが健在であることがわかった。

私は大夢の墓に手を合わせながら、「流転の人」も、明治の世の中で、この静岡という地で、ようやっと、おだやかに過ごすことができたのだろうと察した。私は大夢のオーラを浴びるように深く息を吸った。

## 後日談⑥

### 青山・持法寺

青山の持法寺を訪ねてみた。

そこにはみわの弟、山田良が眠っている墓があるはずなのだ。

スマートフォンで調べると持法寺の位置はすぐにわかった。地下鉄銀座線「外苑前」から徒歩二分。簡単な地図を見て、ああ、あのあたりとすぐに見当がついた。

というのは、一九八〇年代前半、私は〝スーパー・エディター〟秋山道男さんと知り合い、青山の事務所に頻繁に立ち寄っていたからだった。その事務所は持法寺と同じ路地に面していて、歩いて五分くらいの距離のところにあった。

そんな近くなのに、私は秋山さんの事務所に行く時、いつもベルコモンズの角を曲がるルートをとっていたので、持法寺の前を通ることはめったになかったのだった。

話がいきなり脱線して行くが、秋山さんの事務所には、インパクトのある人びとが盛んに出入りしていた。コピーライターの糸井重里さんや林真理子さん、イラストライターの南伸坊さん、グラフィック・デザイナーの奥村靭正《ゆきまさ》さんといった面々である。そもそも秋山さんと部屋をシェアして使っていたイラストレーター横山忠正さんからして、当時最尖端のツンツン頭（髪を短く切って、ディップで固めて逆立てている）で、そちらにはミュージシャンの佐藤チカ、中西俊夫、立花ハジメといった人たちが入りびたっていた。髪をブロンドに染めているのには驚かなかったけれど、ショッキング・ピンクに染めているのを見た時は、さすがに驚いた。似合っているからＯＫだ、とも思った。

秋山さんからは何度か、ある企業のＰＲ誌の仕事を頼まれ、時には毎日のように事務所に出入りしていた。一九七九年から八四年頃までだったろうか。

持法寺はすぐにわかった。入り口には法華宗と記されていたのが少し意外だった。中野の家は曹洞宗なので、何となくこちらも曹洞宗と思い込んでいたのだが、みわは中野の家に嫁いで来たから曹洞宗の寺に眠っているわけで……実家の木村家は、そうか、日蓮宗だったのかと今さらながらに気づく。

山田良は山田ではなく木村家の墓に眠っている。

墓地には誰もいない。同行の編集者Ｋさん、Ｓさんと、三手に分かれて木村家の墓を探す。

なかなかみつからない。「無いわね」と言い合いつつ、やがて三人が合流したところで、ふと見たら、木村家の墓が、あった！　墓地の中央奥である。

墓石が二つ立っていて、大きいほうの墓石には、やや判読し難いが、丸に木の字の印があり、「本量院殿友鵠日善居士　木村友鵠源正量之墓　安政六己未年正月二十日」とある。左の側面には「病没于江都箱崎之邸　年五十三　関宿藩　孝子　木村三郎正規建之」とある。

安政六年（みわが生まれた年だ）に江戸の箱崎の邸で五十三歳で病死したということとなのだろうが、亡くなった正量という人は、わが高祖父・木村正右衛門正則（＝山田大夢）の妻・珠《たま》の父のことで、墓を建てた正規というのは、木村正右衛門正則の別表記なのだと思う。

その横の小さいほうの墓石には、四人ほどの戒名と没した日付が刻まれていたが、その中に山田良の没年（明治二十九年）を刻んだものはなかった。

山田良の葬儀に参列した友人が書いた文章の中に、「槐樹低く枝を垂れたるの所一基の墓標空しくたつ者は此純潔なる青年か永久に眠れる処なり」とあったのが印象的だったが（私は槐樹の白い花が好きなのだ）、そばには槐樹の木もなかった。没後百二十年近くも経っているのだ。仕方ない。と思いつつも、うーん、ちょっと物足りなかったなあ。

墓の様子を見ると小ざっぱりとしていて誰かが訪れているように感じられた。いったいどういうつながりなのかはわからないままだが、とにかく木村家の墓は縁者によって守られて来ているようだった。

話はちょっとそれるが、私には「I家の謎」というのがある。

浅草の中野家の墓に行くたび、気になるのが向かい側にあるI家の墓である。大きな墓がデンと二つ並び、その脇にも二、三の普通サイズの墓が並んでいる——という、いかにも名家らしい墓なのだ。にもかかわらず、お彼岸で花いっぱいになっている中、このI家の墓には人が訪れた形跡がまったくないのだ。いつ行ってもそう。

もう家系が絶えてしまったのだろうか。それともどこか遠方に越してしまったのだろうか……と、ひとごとながら気になってたまらない。それで「I家の謎」と呼んでいるのだ。今回、持法寺に足を運んで、どうやら木村家の墓が「I家」のようにはなっていないことを知って、ホッとした。

わが高祖父・山田大夢は動乱期の中で何度も姓名を変えている。佐倉藩時代は岩瀧、関宿藩時代は木村、その後は山田。その息子たち二人も黒川、山田と、違う姓名を名乗ることになった。そのことを大夢は気にしていて、その自叙伝の最後に「両人はともに木村家の子孫と心得、先祖の祭祀を怠ってはいけない」と記している。

　持法寺の墓を見る限り、大夢のその願いはどうやら「いちまき」の誰かによって叶えられているようである。

　そうそう。木村家の墓の近くに久世家の墓が、複数あることにも気づかされた。みわの祖母の実家は牛込どんどん橋角《かど》の久世家だったという記述があったが、他にも何らかの血縁的関係があったのかもしれない。

　帰りは外苑前駅とは反対方向へ、秋山さんの事務所があったほうへと向かって歩いて行った。店舗などはさすがに三十年前とは変わっていたが、秋山さんの事務所があったマンションは、外壁の色が違っていたものの、「あ、ここでは？」と特定できた。

　通りを左折してベルコモンズのほうに歩いてゆくと、ちょうどベルコモンズはこの日（二〇一四年三月三〇日）をもって閉館するということを知った。一階のカフェはよく利用したし、地下のアンティックショップ「イエスタディ・ギブ」は大好きな店だったのに……。あっけない、三十年。

# 第四章　一族とつながる人々

## 浅井忠

山田大夢《たいむ》の転変の中で、何かにつけてちらつくのが佐倉の親類たちの影だ。岩瀧、山田、吉見、窪田など佐倉の血縁者たちに陰に陽に助けられている。山田大夢のルーツは、やっぱり生まれ育った佐倉なのだということがわかる。

きちんとした体裁のものではなく、親類の誰かがペンだか鉛筆だかで書いた家系図なので、ほんとうにそうだったのかどうか確証はないが、大夢の生家である岩瀧家は、佐倉藩（堀田家）の藩校である成徳書院（現在の千葉県立佐倉高校の前身）の総裁（校長のようなものか）をつとめていた家柄らしい。それがほんとうだったら、私はちょっとうれしい。というのは、伊藤整の大著『日本文壇史』を読んで興味をひかれた快人――漢文学者の依《よ》田学海《だがっかい》らを輩出した藩校だからだ。

さて、そんな親類作成の家系図を見ていて「ややっ！」と驚いたのは、洋画家の浅井忠《ちゅう》が、わが「いちまき」であるということだった。

浅井忠と言えば黒田清輝とともに日本の洋画界を切り拓いた人として有名だ。私は浅井忠の田園風景を描いた油絵にはあんまり興味はないのだけれど、サラッとした水彩画やイラストレーションは以前からとても好きなのだった。

家系図によると、浅井忠は山田大夢の母（浅井伊織という人の娘）の兄、つまり大夢の伯父の孫にあたるのだった。母方いとこの子と言ったほうがわかりやすいか。

浅井忠は、年譜によると、安政三年（１８５６年）に江戸木挽町《こびきちょう》の佐倉藩中屋敷で生まれている。みわの兄・黒川正と同い歳。みわより三歳上だ。父は佐倉藩主堀田正睦《まさよし》の近習として仕え、のちに番頭側用人、学問所奉行を勤め、禄二百石とか三百石だったという。

その父は忠が七歳の時に逝去。長男だった忠は七歳にして家督を相続し、佐倉に移り住む。

その頃からすでに絵は好きだったようで、藩の絵師に花鳥画を学んでいる。

十七歳の頃、東京に出て英語を学ぶ。また、成島柳北（元・幕臣。明治時代には学者、ジャーナリストとして有名）からは漢学を学んでいる、というのが面白い。なぜなら、浅井忠はかなりの面長だが、成島柳北も顔の長いのでは有名だったからだ。二人が向かい合っている場面を想像すると、つい頬がゆるんでしまう（そうそう。成島柳北と言ったら、あの森繁久彌の「いちまき」なんですよね。モリシゲのおじいさんの弟にあたる）。ちなみに浅井忠を成島柳北に引き合わせたのは依田学海だと言われている。

浅井忠が本格的に洋画を学んだのは明治九年（１８７６年）、はたちの頃。新設された工部美術学校画学科でイタリアから来たフォンタネージに師事している。

正岡子規と知り合ったのは明治二十六年頃だったらしい。子規の影響で俳句に親しみ、明治二十九年には子規のいる根岸に転居している。明治三十年代初めからは子規が主宰する雑誌『ホトトギス』にさかんに絵（表紙や口絵）を寄稿している。

浅井忠　明治12年
（『新潮日本美術文庫26　浅井忠』新潮社刊）

文部省から浅井忠に二年間のフランス留学が命じられたのは明治三十二年、四十三歳の時だった。

「浅井忠の渡欧送別会は、高浜虚子を始めとする俳人、更には画家が十人程、子規庵に集まって開かれた。当時浅井が住んでいた下谷《したや》上根岸の家は、子規庵の近くにあった。『先生のお留守さびしや上根岸』。浅井より十一歳年下の子規は、そのような惜別の句を作った」（『夢さめみれば――日本近代洋画の父・浅井忠』太田治子著、朝日新聞出版）

浅井忠は、たぶん子規を通じてだったろうが、夏目漱石とも親交があった。二人の渡欧の時期は重なっていた。明治三十三年十月末、漱石は留学先のロンドンに向かう途中のパリで、浅井のアパートを訪ねた。最初にでかけた日は浅井がいなかったので、漱石はそれから数日たってもう一度でかけて会った。

明治三十五年の六月末、今度は帰国まぢかの浅井がロンドンの漱石の下宿を訪ね、数日間泊まった。漱石は鏡子夫人に「只今巴理《ただいまパリ》より浅井忠と申す人帰朝の序《ついで》拙寓へ止宿、是は画の先生にて色々画の話抔《など》承り居候」と書き送っている。

「漱石は明治四十年の浅井の没後まもなくして、浅井の思い出をこのように話している。『私が先年倫敦《ロンドン》に居つた時、此間《このあいだ》亡くなられた浅井先生と市中を歩いた事があります。其《その》時浅井先生はどの町へ出ても、どの建物を見ても、あれは好い色だ、これは好い色だ、と、とう〳〵家へ帰る迄色尽《までいろづく》しで御仕舞になりました。流石《さすが》画伯丈あつて、違つたものだ、先生は色で世界が出来上がつてると考へてるんだなと大に悟りました』」

そこから、『夢さめみれば』の著者はこう考える。

「何ごとも重く皮肉に受けとめる癖のある漱石は、色ひとつ取ってもこのように明るい受け止め方をする浅井をとても好ましく思ったのに違いない」

浅井忠は顔も長いが体も長く、洋服が似合った。性格は温順で呑気なほうだった。ヨーロッパでの生活にもさほど違和感や屈託はなかったのではないだろうか。いっぽう漱石は小男で、鏡子夫人あてに「(ロンドンの)大抵の女は小生より高く候恐縮の外無之候」と書いた人である。自分より一回り年長で安政生まれの「浅井先生」のヨーロッパへの溶け込みようは、ちょっとまぶしく、うらやましく見えたかもしれない。

浅井忠は壮健だったが、明治四十年、五十一歳で急逝した。

その二年後に出版された漱石の『三四郎』には、三四郎が浅井忠の遺画展を見る場面が出てくる。苗字は浅井ではなく深見と変えてある。

ちょっと長くなってしまうけれど引用しておこう。

「『深見さんの水彩は普通の水彩の積《つもり》で見ちや不可《いけ》ませんよ。何処迄《どこまで》も深見さんの水彩なんだから。実物を見る気にならないで、深見さんの気韻を見る気になつてゐると、中々面白い所が出て来ます』と注意して、原口は野々宮と出て行つた。美禰子は礼を云つてその後影を見送つた。二人は振り返らなかつた。

女は歩を回《めぐ》らして、別室へ入つた。男は一足後から続いた。光線の乏しい暗い部屋である。細長い壁に一列に懸つてゐる深見先生の遺画を見ると、成程原口さんの注意した如く殆んど水彩ばかりである。三四郎が著るしく感じたのは、其《その》水彩の色が、どれも是も薄くて、数が少くつて、対照に乏しくつて、日向《ひなた》へでも出さないと引き立たないと思ふ程地味に描いてあるといふ事である。其代《そのかわ》り筆が些《ちつ》とも滞つてゐない。殆んど一気呵成に仕上た趣がある。絵の具の下に鉛筆の輪廓が明かに透いて見えるのでも、洒落《しやらく》な画風がわかる。人間抔《など》になると、細くて長くて、丸で殻竿《からさを》（注・豆や粟などの脱穀にもちいる農具）の様である」……。

浅井忠の水彩画の魅力をよく伝えている文章だと思う。漱石はこれを書きながら、ロンドンの街を浅井と共に歩いた時のことを懐しく慕わしく思い出していたことだろう。

浅井忠は明治三十五年、ヨーロッパから帰国するやいなや、一家をあげて京都へ移住し、京都高等工芸学校の教授として図案科を担当する。

なぜ京都に移住したか。それには当時の美術界の、「洋行帰り」の者に対する偏狭な空気への憤懣があったようだ。明治三十四年九月、弟への手紙にこんなことを書いている。

「現今の日本の社会程イヤナものはなき歟《か》と存候。なま中《なか》外国を見て多少の希望を抱て帰れば一も其《その》希望を達する事不叶《かなわず》、只《ただ》煩悶して人に悪《にく》まれ人に攻撃される材料と相成候が洋行帰りの常なり。（略）其上日本人は殊に気が小サク壱人エラキものが出ると寄てタカッテイジメて仕事の出来なくなる様にする。自分よりエラキ人をこしらへるが嫌いな人種だから困る。殊に美術家とか文学者とか云ふものは咄しにならぬ腐つた社会だから、小生は今ではあきらめて、総て消極的でなんにもしないで是から社会を退て遊んで仕舞んとの覚悟である。夫故《それゆえ》京都へ引込んで陶器でもいぢつて暫らく遊ばんが為転任の約束をして置た訳である」（『新潮日本美術文庫26　浅井忠』）

温順と言われた浅井忠がそれほどまでに憤懣を抱いた、その具体的ないきさつについては全然わからないのだが……。温順さの中に、コツンとした反骨の精神があったことを偲ばせる手紙だと思わせる。

# 依田学海

ごめんなさい。思い切って「いちまき」以外の人について書かせてもらいたい。血はつながっていないのだけれど、わが血縁とはなじみがあった漢学者にして書家の依田学海《よだがっかい》（百川《ひゃくせん》とも称した）という快人（奇人？）について書きたくなってしまったのだ。

私がこの人のことを知ったのは、伊藤整の大著『日本文壇史』を通じてだった。

依田学海は一八三三年、つまり天保四年生まれで、幕末には佐倉藩の江戸留守居役をつとめ、明治維新には三十代半ばになっていた。私の高祖父・山田大夢《たいむ》よりは数歳年下だ。四迷が『浮雲』を書き、一葉が『たけくらべ』を書き、露伴が『五重塔』を書いた明治二十年代には、著者たちはみな二十代だったが、学海はすでに五十代になっていて、「長老」「天保老人」というポジションにあったのだが、新文学に対しても旺盛な関心を示した。

特にほほえましいのが内田魯庵との交友だ。魯庵は興味のある文学者の家を訪ね、議論を楽しみ、なかなか帰ろうとしない癖のある人だった。明治二十三年（１８９０年）のある日、魯庵は学海の家を訪ね、英語版で読んだロシアの新小説『罪と罰』について、そのあらすじを熱く語った。学海はそれを大変面白がった。そのとき学海五十七歳、魯庵二十二歳。学海は小生意気なヒヨッコの魯庵とすっかり意気投合した。以来、学海はたびたび魯庵のねぐらを訪れて文学談議を楽しんだ。まだ海の物とも山の物ともわからない若造と対等の気分でつき合う。その闊達さが私は好きだ。

　学海は歌舞伎の世界についても一言あって、坪内逍遥や福地桜痴らと演劇改良運動にかかわっていたのだが、学海の提言はおうおうにして過激で急進的すぎて（古書マニアの友人の言によると「ファンキーすぎて」）、やがてそのグループからはずされてしまったという。

　坪内逍遥はその日記の中で、学海の印象をこんなふうに書きとめている。

「学海――例の通り、快活、毫《がう》も城阜《じやうふ》を設けざる如き磊落《らいらく》なる言動の間、おのづから用心あり。好んで議論す、然れども決して怒らず、又口ぎたなくは他を評せず、随分つッ込んで難ずることはあれども。讃《ほ》むる時には、毎に『非常に』、『おそろしく』等の形容言を用ひ、幾度も繰返しつつ言ふ。己れをほめられたる時は、わざとかと思はるるほどに、如何にも嬉しげなり」

大らかで、理智的で、しかも無邪気な人柄が浮かびあがってくる。

学芸史の大家の森銑三《せんぞう》も「学海翁は、文壇にも、劇壇にも全くの傍系的存在であった。（略）／要するに翁は局外の人だったのである。その態度は洒々落々としていて、文学者について回った陰性なひがみ根性などはない。けちくさいところがない。物にこだわらない」と書いている。

好きにならずにはいられない人じゃあないか。

実は学海は少年時代の森鷗外の漢文の先生でもあった。鷗外の『ヰタ・セクスアリス』の中に「文淵先生」として登場している。

引用が長くなってしまうのだけれど、面白いので、ちょっと我慢して読んでください。

「その頃向島に文淵先生といふ方がをられた。二町程の田圃を隔てて隅田川の土手を望む処に宅を構へてをられる。（略）先生は年が四十二三でもあらうか。三十位の奥さんにお嬢さんの可哀いのが二三人あつて、母屋に住んでをられる。先生は渡廊下で続いてゐる書斎にをられる。お役は編修官。月給は百円。手車（注・自家用人力車）で出勤せられる。僕のお父様が羨ましがつて、あれが清福といふものぢやと云うてをられた。その頃は百円の月給で清福を得られたのである。

僕はお父様に頼んで貰つて、文淵先生の内へ漢文を直して貰ひに行くことにした。書生が先生の書斎に案内する。どんな長い物を書いて持つて行つても、先生は『どれ』と云つて受け取る。朱筆を把る。片端から句読を切る。句読を切りながら直して行く。読んでしまふのと直してしまふのと同時である。（略）度々《たび》行くうちに、十六七の島田髷が先生のお給仕をしてゐるのに出くはした。帰つてからお母様に、今日は先生の内の一番大きいお嬢さんを見たと話したら、それはお召使だと仰《おつし》やつた。お召使といふには特別な意味があつたのである。

或日《あるひ》先生の机の下から唐本が覗いてゐるのを見ると、金瓶梅であつた。僕は馬琴の金瓶梅しか読んだことはないが、唐本の金瓶梅が大いに違つてゐるといふことを知つてゐた。そして先生なかなか油断がならないと思つた」

というわけで、学海先生はセクシュアルな方面でも闊達なのだった。

私が驚き笑ったのは、学海が二つの日記をつけ続けていたということだ。

安政三年から明治三十四年まで四十五年間日記をつけ続けていて、これが文学史の第一級史料となっている（岩波書店より『学海日録』全十一巻＋別巻一として出版されている）。これだけでも凄いことだが、それは本宅での日記であって、三十歳下の愛人の住む別宅では、また別の日記をつけていたのだ（こちらは吉川弘文館より『墨水別墅雑録』として出版されている）。本宅での『学海日録』は和文だけれど、別宅での『墨水別墅雑録』は漢文で書かれている。たぶん、女の人の目をはばかってのことなのだろう。それにしてもまめというかエネルギッシュというか。お茶目も念が入っている。

　私はどうしてもこの人の顔が見てみたいと思い、神保町の岩波書店に『学海日録』を見に行った。第一巻冒頭に若き日の学海の写真があった。目のギョロッとした、精気あふれる顔である。第九巻の月報では晩年の写真と思われる、白いヒゲをたくわえた姿も見られた。

『学海日録』は和文で書かれているとはいえ漢文調で私なぞには読みにくい。読破なんてとうてい無理と思いながら、なぜか全巻買い込んでしまった。別巻の大半は人名索引（日記中に出てくる人がどの巻の何ページにあるか）だったが、巻頭約百二十ページにわたって、晩年の学海の筆（絵と文）による『学海先生一代記』というのが載っていたのが、とても面白く、買ってよかったと思わせてくれた。

　臆病者でケンカが大嫌いだった幼年時代や一転して「暴論の人」となった青年時代のことが、ユーモラスなタッチで描かれている。終盤は自分の臨終シーン、葬式シーン、死後の家族の様子まで描かれている。

葬式シーンでは、玄関に「会葬香奠一切謝絶　学海居士自筆」と大書した紙が貼られている。それを見た人びとは「学海翁も奇を好むことの甚しゐにはおそれる。さても〳〵」「あんなにせんでもよさそうなものだ。ちと馬鹿げてるな」と語り合っている。

棺を運ぶシーンでは、「一生不遇学海居士之柩」と書かれた大きな旗を持つ男が描かれていて、棺の後ろで馬に乗った息子は「おやぢが遺言だから、こんな葬式をするのだが、何だか馬鹿〳〵しゐやうだ」とぼやいている。

最後は墓石がポツンと立っていて、その詞書に「これで居士の一代記もめでたし〳〵だ。／居士土中にていはく『これから世の中がいろ〳〵かはるのをみるのだ。定めし馬鹿〳〵しい事や、みんなが困る事をみるだろうよ』」とある。

この『学海日録』を買い込んだ時は、佐倉藩ということにたいした縁は感じなかった。わが高祖父・山田大夢がもともとは佐倉藩の岩瀧家の人間で、二十歳の頃、同じ下総の関《せき》宿《やど》藩の木村家の一人娘と縁組して養子になり、江戸家老の職を継いだということは知ってはいたのだけれど。上野戦争で敗走して以降、さまざまな形で佐倉の血縁者たちに助けられたことを知り、大夢のルーツが佐倉であることを思い知らされたのだった。

『学海日録』の別巻の人名索引を見ると、大夢の手記や、わが曾祖母(大夢の娘)みわの手記に出てくる岩瀧・吉見・窪田といった大夢の「いちまき」の名がある。

いずれも簡単な叙述だけれど、やっぱり学海と接点はあったんだなあと、ミーハー的にうれしくなる。

前項ではわが「いちまき」として浅井忠《ちゅう》のことを書いたけれど、『学海日録』では浅井忠の名も数回出て来る。

明治二十四年十二月十一日にこんな「おやっ?!」と思わせる記述がある。「十一日。晴。窪田洋平来る。余が女珠君を浅井忠に嫁せんと人をもて問ひしに、家の難ありとてこれを辞しき」

珠君《たまき》と言ったら学海の三女の名だ。窪田洋平は浅井忠のいとこなので、浅井忠は、画家の浅井忠にまちがいはない。この縁談が成立していたら、依田学海は(だいぶ遠いけど)、わが「いちまき」ということになっていたのだった! 浅井忠はこの二年後、他の旧佐倉藩士の娘と結婚している。

決して安くはない『学海日録』を買い込んだのも、大著の『日本文壇史』を読んだのも、やっぱり何かに操られてのことのような気がする。

若き日の依田学海
(『学海日録』第一巻　岩波書店刊)

晩年の学海(『学海日録』第九巻月報　岩波書店刊)

# 佐倉へ

曾祖母・みわの手記には、その父・大夢について「佐倉藩堀田様の藩士岩瀧家より（関宿藩の）木村家に養子に来たり、母は珠《たま》と申し、家付の一人娘でございました。木村家は関宿藩の江戸家老を勤めておりました」と記されていた。

つまり、大夢（当時は岩瀧）は成人になるまで佐倉の人だったのだ。ルーツと言える。

佐倉と言ったら野球の長嶋茂雄の出身地よね、佐倉惣五郎（宗吾）の義民ドラマも昔は有名だったよね、というくらいの認識だったのだけれど……やがて、画家・浅井忠を知り、漢学者・依田学海を知ってからは、にわかに親しみのようなものを感じるようになった。

浅井忠は大夢の母方の親類で、佐倉藩士の子。依田学海も佐倉藩士で、幕末には江戸留守居役という重責をになった人。彼の膨大な記録『学海日録』（岩波書店）別巻の『学海先生一代記』では自筆イラストレーションで、佐倉藩の藩校・成徳書院での学問の様子が面白おかしく描写されている。

さらにうれしいことには、明治に入ってからだが、浅井忠と依田学海の間には親交があり、一時、学海は娘を浅井忠に嫁がせようとも思ったということなのだった。また『学海日録』には大夢の実家の岩瀧家や親類の吉見家の人びとの名前もたびたび出て来る。

世界大百科事典によると「幕末期の藩主堀田正睦《まさよし》は天保四年以降、勧農政策、人口増加策、もろもろの財政政策のほかに、学芸振興策をも伴う幅の広い藩政改革を実施し、徐々に成功を収めた。ことに学芸の振興は有名で、佐倉ならびに江戸において藩校（成徳書院）が整備され、なかでも蘭学では佐藤泰然を招くなど、佐倉は一時学都と称された」とのことなのだった。

そう言えば……十数年前だっただろうか、一度、佐倉の国立歴史民俗博物館に寄ったことがあった。

友人たちと車で千葉の山荘に出かけた帰りに、急に「歴博に寄ってみないか」という話になって、閉館まぎわの時間帯に滑り込むようにして入ったのだった。そんなあわただしい瞥見だったけれど、小高い所にある歴博から見おろす佐倉の町の夕景は、緑豊かで、おだやかで、好もしい印象を残した。

観光ガイドブックによると、佐倉には武家屋敷がいくつか残っているというのも関心を引いた。ルーツとして訪ねた関宿には武家屋敷がまったくなかったのが、ちょっと物足りなかったのだ。

というわけで、秋の一日、編集者のKさんSさんと共に大夢が生まれ育ち、少女時代のみわが一時潜伏していたという佐倉を訪ねてみることにした。

集合は新装なった東京駅丸の内口。佐倉までは総武線で一時間と少し。都心から見ればギリギリ通勤圏内というところだろうか。

船橋、千葉を過ぎて内陸部へと入ってゆき、佐倉に到着。小ぢんまりとした駅だった。駅前を眺めれば、高層のビルやパチンコ屋やサラ金などといった店は目につかない。その代わりに、いくつかの彫刻の像が並んでいるのが目を引いた。静かにおだやかに暮らしている町といった風情。

観光マップを見て、まずはタクシーで「旧堀田邸」に。

佐倉藩は代々、堀田家が治めていた。堀田正倫《まさとも》は最後の佐倉藩主で、明治時代になってからは華族として東京に住んでいた。それでも佐倉の農業と教育の発展に尽力するべく、佐倉にも別邸を構えていた。明治二十三年（１８９０年）に出来たものとはいえ、伝統的な和風様式の建て物と庭園なので、江戸の大名の暮らしがうかがい知れるようになっている。

きらびやかなところがなく、質実でサッパリしているが、欄間に凝った彫りがほどこされていたり、書斎の天井にインド更紗が貼られていたり、こまかい所に「渋い贅沢感」の漂う邸だった。図々しい言い方になるが、ズバリ私の好み！『坂の上の雲』『JIN―仁―』『トリック』などテレビドラマのロケ地としても利用されているとのことだった。

庭も自然を生かした広々としたもので、背後に高層ビルなぞ林立していないのが気持いい。

観光マップによると、その旧堀田邸から歩いて行ける距離の鏑木《かぶらぎ》小路という所に三棟の武家屋敷があるという。旧但馬家、旧河原家、旧武居家。もともと河原家と武居家は別の敷地にあったのだが、建て物を解体調査した後、但馬家のあった所に持って来て復元したのだという。

垣根に菊が色とりどりに咲き誇る先に、厚い萱葺き屋根に白壁の平屋が三軒。いずれも中級武士の住まいだったという。確かに質実剛健。飾り気が無い。

敷地の広さの割に建坪は思いのほか小さく感じた。今のマンションで言ったら、土間も含め2LDKといったところだろうか。昔は家具も少なく家電もなくて場所を取らなかったから、これでやっていけたのだろう。

土間のカマドや湯殿や便所、あるいは鏡台や櫛などの雑貨を見ると、「ああ、ここには確かに生活というものがあったんだ」という実感が湧いて来る。あんどんやロウソクの明かりのもとでの生活は、想像以上に陰影深く、薄暗いものだったろう。

大夢の生家もこんなものだったのだろうか。大夢の父親は佐倉藩の重臣とも家老とも記されているので、もう少し部屋数は多かったかもしれないのだが……いずれにしてもこんなふうに飾り気少なく陰影の深い家だったのだろう。少年時代の、そして青年時代の大夢の幻影――。時代劇映画の断片が朦朧と浮かんだ。

庭先の色とりどりの菊の花が妙に心に残った。江戸の昔も、やっぱりこんなふうに菊が咲いていたのだろうか。菊をみつめる今の私。菊をみつめていただろう昔の人たち。一瞬、「交信」できたように感じた。

さて、最後は佐倉城(明治六年、廃城)があった城趾公園へと向かう。国立歴史民俗博物館がある所だ。

武家屋敷からすぐの所に下り坂の小道があった。左右はウッソウとした竹やぶで、一瞬、京都の大河内山荘を訪れた時のことを思い出した。広い道に出ると、ポツンとアットホームな感じのカフェがあったので、一休みすることにした。中年の主婦が一人で切り盛りしている店のようだった。コーヒーもスコーンもおいしかった。客は私たちだけだった。意欲を持って開いたお店という感じなのに、こんな観光客もまばらな所で採算はとれるのだろうか？　と余計な心配。

その店をあとにして、しばらく歩くと、道ばたに成徳書院跡という石碑が立っていた。「学都」のシンボル。この場所に大夢も依田学海も通っていたのか。歩いてだろうか、それとも馬に乗ってだろうか。

すぐそばに佐倉市立佐倉中学と千葉県立佐倉東高あり。女生徒たちが道路の落ち葉を掃いていた。

城趾公園はゆったりとしていて、樹々も豊かで、気持がよかった。人影は少ない。犬の散歩をしている人くらい。大きな溝のような所に落ち葉が溜まっている。堀割だった所なのだろうか。

関宿には城（復元したものだが）はあったけれど武家屋敷はなかった。佐倉には武家屋敷はあったけれど城はない。いずれにしても物足りないものだ。

明治六年の廃城令は、明治政府が元士族たちによる反政府的な動きを封じ込めるために決められた政令だったという。今にして思えば、もったいないことをしたものだ。

まあねぇ、佐倉城はないけれど、その跡地の横に国立歴史民俗博物館がありますからねぇ。かつて「学都」と呼ばれたという名残りは一応ある――と思うことにした。

それにしても大夢という人って……と改めて思う。何度も名前を変えた。動乱のまっただ中にいたから仕方がなかったわけだけど。●佐倉時代は岩瀧→●関宿時代は木村正右衛門→逃亡中はさまざまな変名→●静岡に落ちのびてからは山田大夢。

うん、やっぱり数奇な運命の人だったと思う。

# 第五章　母方のいちまき

祖父・中野得寿

## 浅草の墓とみわの子どもたち

中野の家の墓は浅草にある。今の地名で言うと西浅草。浅草ビューホテル（国際劇場跡地）のすぐ近くである。

私はそのことが、長い間ウッスラと厭だった。中学生だったか高校生だったか忘れたが、とにかく「思春期」の頃、母と妹の三人で浅草のお寺に出かけた時、いつもは上野か鶯谷からタクシーで行くのに、その時は地下鉄を使って六区を通ってお寺へ行った。

初めて見る六区は衝撃的だった。ストリップ劇場があって、あくどいポスターや看板が並んでいたからだ。私たち女三人は、無言で、思わず早足になって歩いたような気がする。吉原というのがどういう所なのかというのも曖昧なまま何となく察していたから、もしかするとウチの先祖はそういう世界に縁のある人なのかもしれないと思い、おびえるような気持になった。

そんな厭なイメージから解放されたのは、中年になってから。落語好きになり、浅草は落語のふるさとのようなところだと知ったからだった。そうなると、今度は一転して、浅草に墓があることが自慢のようになってしまった。

いつ頃どんなふうにして知ったのかはハッキリとはおぼえていないが、中野の家の先祖は下級とは言え武士だったということを知ったことも大きい。たぶん、父が逝った後、遺品を整理していて、「古文書」と題された箱の中から見つかった書付けで、江戸時代の中野の家の住所が三筋町の御書院番組屋敷であることを知ったのではないか。そして、その後、古地図を見て、三筋町に小さく中野の名があるのを確認できたからではないか。

三筋町は鳥越神社の近くにあり、ミスジチョウではなくミスジマチと読む（武家地はチョウではなくマチと読むのだ）。書院番というのは、広辞苑によると「（もと江戸城本丸白書院紅葉の間に勤番したからいう）江戸幕府旗本の軍事組織。若年寄に属し、営中の警備、将軍の扈従《こしょう》、儀式の事をつかさどった」ということで、組屋敷というのは「江戸時代、与力・同心などの組の者に与えられた屋敷」だという。

話はちょっと脇道にそれるようだが、噺ばかりではなく著作も多い三遊亭圓生（六代目）の『明治の寄席芸人』（青蛙房）という本を読んでいた時のことである。きっすいの寄席育ちで抜群の記憶力の持ち主だった圓生が明治の寄席芸人たちの思い出を語り、また、詳細に調べあげた書なのだが、芸人たちの住所に三筋町という町名がたびたび見られるのだった。

もしかすると、江戸時代の組屋敷が明治の頃には長屋のように使われていたのかもしれないと思った。それだけで落語好きの私は不思議な縁のようなものを感じ、わくわくとしたのだった。

そうそう。明治二十年代に売れっ子作家だった饗庭《あえば》篁村《こうそん》の小説『三筋町の通人』を読んだ時も同じようにうれしかった。

「当らずと雖《いへど》も、遠からん者は音にも聞き、近くば寄ツて目に三筋町、東か西か、水無瀬《みなせ》何某《なにがし》といふ好男子あり、尤《もつと》も自称なりと、念入りの但《ただ》し書がつく……」うんぬんという書き出しで始まる一編の滑稽話。

雅俗混淆文と言ったらいいのか、古風な味がありながら案外読みやすく、一種の落語のような小説である。

私が落語好きになったのも、もしかして、我が家のルーツが三筋町だったからかしら——なあんて、強引に関連づけて喜んでいるのである。

さて。わが家の仏壇の中にあった過去帳を見ると、享保年間に没した「勘太夫」という人から始まり、七代目の鐐三郎《りょうざぶろう》という人の名で終わっている。鐐三郎という人は、私にとっては曾祖父（みわの結婚相手）・安資《やすすけ》の父親にあたる。

鐐三郎という人にはちょっとおかしな遺品がある。十返舎一九の『東海道中膝栗毛』を思わせる『滑稽五十三驛』全五巻というのが遺っているのだ。そこには短冊状のメモがはさんであって、わが祖父・得寿《とくじゅ》の字でこう書いてある。「此の本は祖父鐐三郎其弟亀三郎の兄弟二人にて江戸時代勤番の余暇に兄は書を弟は絵を書き写せるものなり」

たぶん貸本で借りた本を写したのだろう。兄が文を、弟はイラストを、というところは小林信彦・泰彦じゃないのと、つい、笑いがこみあげてくる。兄弟揃ってやっぱりコメディ志向だったのね、と俄然身近に感じられる。

曾祖母みわの父・山田大夢《たいむ》（木村正右衛門）は、下総関宿《しもうさせきやど》藩の江戸家老で佐幕派のリーダーとして彰義隊にも参加したから、幕末の動乱のまっただなかに巻き込まれ、大変な辛酸をなめたけれど、中野の家のほうは、のんきに暮らしていて「何が何やら」てなもんだったんじゃないか？　何が何やらわからないまま、多くの幕臣同様、沼津の地へと流れついて行ったのではないか？

鐐三郎の息子・安資は沼津兵学校（もしかすると附属小学校時代かもしれない）で学ん

でいる。いずれにしても大夢の教え子だったという。大夢に人柄を見こまれ、娘のみわ（当時十七歳）と結婚することになるのだった。

今回調べていて驚いたのは、安資とみわとの間には私の祖父・得寿を筆頭に九人もの子どもがいたことだった（六男三女）！　十七歳で結婚したとはいえ、よくまあ、そんなに産み続けられたものだ。生活は楽ではなかっただろう。

安資は明治三十九年（１９０６年）に亡くなっている。祖父・得寿は明治十年生まれだから二十九歳の時のことだ。「ひいおじいさんは長命ではなかったので、おじいさん（得寿）は弟妹たちの親代わりとなって苦労した」と聞かされている。

祖父は工手学校（今の工学院大学）と築地の英語学校で学び、農商務省（？）の工業試験所の技師となる。何でも砂金の研究をしていたとかで、最晩年（大病もせず九十歳近くまで生きた）まで古い顕微鏡をたいせつにしていた。生活は苦しくても、若い頃は弓道や謡曲などに熱中していたようだ。明るく冗談好きで、私たち孫三人は祖父によくなついていた。その性格は父・安資よりも母・みわゆずりのように思える。

長男だったせいか、それとも生来のまめな性分のせいか、親類にトラブルがあると相談相手としてよく頼りにされていたようである。

多くの弟妹の中で経済的に最も成功したのが三男の三郎という人で、この人は花田という家に婿養子に入り、手広く新聞販売店を経営し、鎌倉の御成《おなり》小学校前に大きな冠木門《かぶきもん》のある邸宅を建てた。大工のダイハルという人が「俺の最後の仕事だから」と言って建てた家だったという。昭和十六年で十三万円だったという。私が大学に入学した時、父から「あの門だけでも見ておいたほうがいいから」と言われて、連れて行かれたことがある。

その花田家には一男四女があった。私の父にとってはいとこである。長男は直《なおし》という名前で、たぶん父と同世代。その下に茂子、武子、スミ江、昌子という四姉妹がいた。武子さんは生まれながらの脳性マヒ（？）で体の自由がきかなかったが、あとの三人は美人と言ってもいいほうだった。少女時代の、あるいは若い頃の写真を見ると、ちょっとした『細雪』の世界だなあと思わずにはいられない。昭和の初め頃の話だ。

ところが長男で一人息子の直という人が素行不良で、親の悩みの種だったらしい。祖父の遺品の中に「花田の遺書」と祖父の手で書かれた、ぶあつい封書がある。昭和十九年に書かれたもので、あととりの直の不行跡に見切りをつけた三郎が、遺産は絶対に直に渡さず、娘たちそれぞれにこういう具合に分配してほしいと詳細に書きつらね、兄の得寿（私の祖父）に託したものである。三郎はこの遺書を託した四年後に亡くなっている。

文面からは直という人がいったいどんな不行跡の限りを尽くしたのかは全然わからない。とにかく金を持たせたら大変だという危機感だけは伝わってくる。

青年時代の直の写真があるが、端整で好男子と言っていいような顔である。ほんとうにいったいどんな親不孝をしたのか。その風貌からして暴力系のではなくて軟派系の不行跡だったのではないか。勘当されてからはどういう人生を送ったのか。知りたくてたまらなくなる。中野の家は概してちんまりと真面目で常識的で型破りのところはなかったから、その血の中にこういう無軌道な人物がいると、ちょっとわくわくしてしまうのだった。

花田直と妹の茂子

おもにこの直の件だったのだろうが、娘たちの中にも自由奔放な人がいて、花田家ではもめごとが絶えなかったらしい。万里子叔母（私の父の妹・巣鴨の武荒《たけあら》家）の話では、祖父・得寿は「また花田か」と溜息をついて、調停役として花田家に出むいていたという。
唯一の兄・直がそんなふうだったので、いとこである私の父は、姉妹たちから兄貴代わりとして慕われていて、また、父のほうもそれを楽しんでいるフシがあったんじゃないかと思う。

父は新聞記者で、私が子どもの頃、五年くらい横浜支局に単身赴任していたことがあった。花田家の長女の茂子さんは横浜の歯科医と結婚して山手に住んでいたので、時どき会ったりしていたらしい。それに対して母は「あちらにばかりいい顔をして」とウッスラとねたんでいたようだった。

茂子さんは時どき私や妹に「舶来もの」のシャレたバッグやボンボン入れなどをプレゼントしてくれた。だから好きだった。

一九九七年に花田三郎の五十回忌の集まりがあった。没後五十年なんていうので小ぢんまりした集まりかと思い込み、カジュアルな服で出かけたら、さすがに参列者は身内の者だけで少なかったものの、何人ものお坊さんが読経する立派な会だったので、私は場違いの恥ずかしさに身がすくむ思いだった。直さんの姿はなかった。夭折したのかもしれない。

とまあ、そういうわけで、花田家は我が「いちまき」の中では特別に物語性《ロマン》を感じさせる一族なのだった。

その花田家もすっかり世代交代してしまった。御成小学校前の立派な冠木門のあった邸宅は売り渡されて、数年前からマンションになっている。

みわは安政六年に生まれ、昭和十七年二月に八十二歳で亡くなった。江戸・明治・大正・昭和の四代を生きたのだった。当時としては長寿だったと思う。私の兄が昭和十七年十二月生まれなので、もう少しで曾孫を見ることもできたのだった。

みわと夫・安資《やすすけ》の間には六男三女——九人もの子どもがあった。私の祖父・得寿はその長男だった。安資は五十三歳で亡くなったので、その後のみわの面倒は得寿がみた。それに加えて弟妹たちのことも父親代わりとなって世話をしたというのだから、祖父の苦労の程が察せられる。その割には生涯、のんきな雰囲気がある人だった。

得寿と妻・さととの間には一男二女ができた。長男が私の父・実で、その下に智恵子と万里子という妹があった。私にとっては叔母に当たる。

下の妹の万里子叔母は九十過ぎた今も存命だが、上の妹の智恵子叔母は六歳の時に疫痢で亡くなった。隣家からもらったブドウを食べたのがいけなかったと聞いている。

子どもの頃、私はこの智恵子叔母の話を聞くのが好きだった。利発な子で、六歳にして百人一首を全部おぼえてしまったというのである。そのうえ、死のまぎわには「氷のお宮

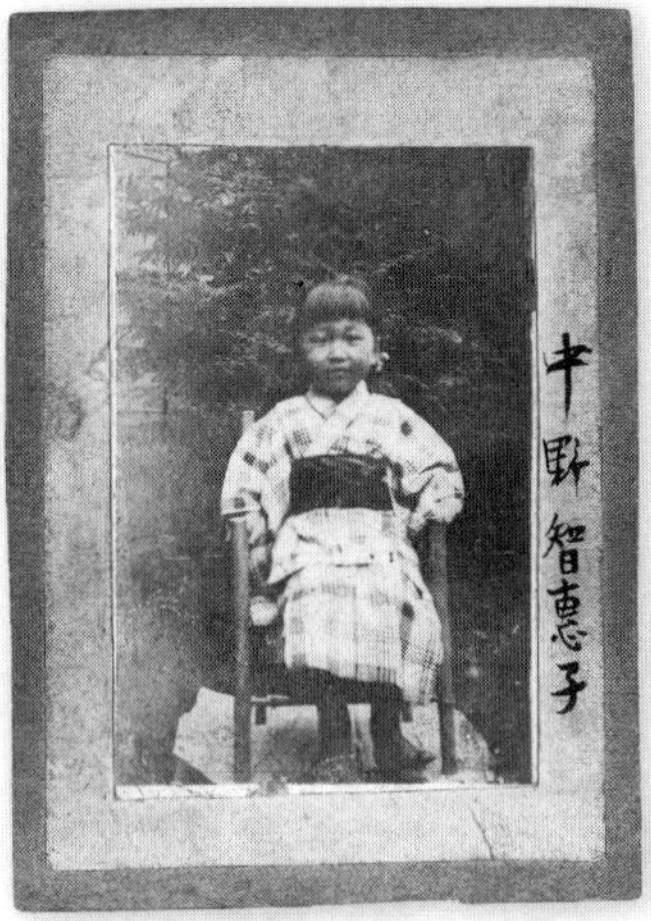

“伝説の少女”智恵子叔母

が見える」と言ったというのである。何とミステリアスな話じゃないか。

　子どもの頃、時どきフッと気が向くと祖母に「智恵子さんの話をして」とせがんだ。智恵子叔母の話はちょっとした家庭内伝説のようになっていたのだった。祖母は「かわいい子だった」と言うし、父は私のことを「智恵子に似ている」と言った。利発なところがではなく、見た目が似ているというニュアンスだった。

　私の頭の中では伝説の少女——智恵子叔母は、私の願望によって、はかなげな美少女の姿になっていた。色白、細面で、深々としたまつげで淋しくほほえんでいるような。

　そんなイメージを持っていたから、後年、智恵子叔母の写真を見た時は、エッ?!　と驚いた。色黒、丸顔で、うーん、決して美少女とは言えないのだった。よっぽど写真ウツリが悪かったのだ、本物はこんなもんじゃないんだ——と思いたい。

　美少女だったかどうかはともかく、父は幼くして逝った妹・智恵子を愛していたと思う。

子どもの頃の私に、智恵子さんへの思いを重ね合わせていたのかもしれないと思うと、ちょっとやるせないものがある。

# 群馬のいちまき

今までは、何しろ中野みわの回顧録から始まったことなので自然と父方の「いちまき」の話ばかりになってしまったけれど、今回は母方のほうにも少し触れてみたい。

私の母・スミ江（旧姓・清水）の生家は群馬県高崎市の郊外にあり、たぶん江戸時代からの地主だったと思われる。母の口からちゃんと聞いたことはない。今の建て物には不似合に立派な門や蔵などから、そう推定されるのだ。母は五人きょうだいの長女で一番下の重雄叔父とは十六歳も違うのだけれど、その重雄叔父が「子どもの頃、戦後の農地改革があって地主制度が解体されたんだよ。そのとたん、人びとの態度がコロッと変わった。それまではおぼっちゃん扱いされてたんだよね」と言っていたことがある。

父と母が結婚したのは昭和十六年（１９４１年）。まさに開戦に至る年だ。父は三十一歳、母は二十三歳だった。当人達はどうだったかわからないが、戦争がさし迫って、親達は結婚を急いだに違いない。親達同士で決めて、父と母はほんの一、二回会っただけの見合い結婚だった。

親達同士、どういう接点があったのかはよくわからない。中野家と群馬県の縁と言えば、曾祖父・安資《やすすけ》がみわと結婚してすぐ群馬県の下仁田《しもにた》の小学校の校長として赴任したという事実が思い出されるが、その後、祖父の妹達の中に、群馬の人のもとに嫁いだ人でもいたのだろうか。苗字は違うが親戚という家があるのだ。

父は東京の月島で生まれたのだが、小学校低学年の頃（？）、一時、群馬の親戚の家にあずけられたことがある。いかなる理由でかはわからない。月島では大正六年（１９１７年）に大きな水害（高潮）があったという話は聞いているので、新しい住みかが決まるまで避難したのかなとも思うが、確証はまったくない（月島から世田谷区大原町に転居している）。

今、探してもみつからないのだけれど、父の死後、遺品の中にあった一枚の写真が忘れられない。おそらく大正の半ば頃、父が群馬の小学校に行っていた時の写真である。カスリのきものを着ている生徒たちの中で、父は唯一人、洋服を着ていた。何だか「風の又三郎」みたいじゃないの、と私は笑ったが、東京っ子としていじめられたかもしれなかった。

父が群馬で身を寄せていた家は楢本《ならもと》という家で父より少し年下の「ゆきちゃん」という女の子がいて、それは父のいとこに当たるということだった。当時、父が東京の両親にあてて出したハガキには、「ゆきちゃん」のおでこに切手を貼って「東京に送ってしまう」と言ってからかった、ということが書かれてあった。父は八十三歳で逝ったのだけれど、楢本ゆきさんはわざわざ浦和の病院まで見舞にやって来てくれた。父は「昔、いじめてごめんね」と謝っていた。

話がちょっと脱線した。とにかく、群馬には私なんぞにはよくわからないつながりの「いちまき」がいるのだった。父と母はそういう「いちまき」が接点となって結婚したようなのだった。たぶん二人とも初めてのお見合いだったんじゃないかと思う。

長い間、私は父母が恋愛結婚ではないことにいささかの不満を持っていたのだが……父が逝き、母が逝って、遺品を整理していて、ハア?! と驚いた。兄が生まれ、父が新聞社の従軍記者として南方に行っていた頃のことだと思われる。母の、父にあてた手紙の下書がノートに記されているのだが、いやはやなんとも、お熱い文面で、ここに引用するのもはばかられる程なのだった。二人には二人の初々しいラブストーリーが確固としてあったのだった。私はそのことを、二人ともいなくなってから初めて知ったのだった。

父が戦地から無事に帰って来た時のことを振り返って、母はよくこう言っていた。「おじいさん（得寿）は、開口一番、私に『よかったなあ』と言ってくれたの。自分の息子なのに、まず私のことを思ってくれたの」

私は母のノートを読んで、自分が戦後生まれだということの意味をあらためて気づかされたように思った。敗戦で国は疲弊したけれど、とにもかくにも戦後の平和の中で私は生まれたのだった。新生活への希望を象徴するように生まれたのだった。そういうことが実感としてわかった。

さて、話は一転して母の一番下の弟――重雄叔父のことになる。叔父と言っても私より一回り近く上でしかない。私が小学校三、四年生の頃、東京の歯科大学に入学し、浦和のわが家で暮らすことになった。というと、さも広い家のようだが、全然そんなことはない。玄関脇の三畳を無理にあけて、そこに住んでもらうことになったのだ。私たちは大きなお兄さんができたように思い、喜んだ。

よく遊んでもらった。ちょうど父が横浜の支局に単身赴任していた時期と重なっていたので、近所の人に、母はあらぬ疑いをかけられたくらい。映画にも連れて行ってもらった。当時（昭和三十年代前半）の浦和の映画館はぎっしりと人で埋まっていた。確か『新諸国物語　七つの誓い』だったと思うが、中村錦之助や東千代之介が出ている映画を、私は重ちゃん（と呼んでいた）に肩車してもらって観た。

歯科の実習とかで、近所の子たち四、五人が重ちゃんに連れられて、飯田橋だったか水道橋だったか忘れたが、大学に行き、歯の治療をしてもらったこともある。

重ちゃんは祖父のことは慕っていたが、父とはどうもお互いに気が合わないようだった。父がいると、口数少なく、ムスッとしてアゴの毛をつまむという癖が出るのだった。

ある時、私は「重ちゃんみたいなのを居候って言うんだよ」と言ってしまった。私としてはたまたま「居候」という言葉を知り、使ってみたくてたまらずに言っただけなのだったが。「ちゃんと家から食費をもらっているんだから」と、母には叱られた。悪意はまったくなかったものの、悪いことを言ってしまったと今でもちょっと胸が痛む。

という話を最近、妹にしたら、妹は「私なんかもっとひどいことをしてる」と暗い声で言う。重ちゃんは幼い頃、小児マヒにかかって、手術をしたのだけれど、片足にその名ごりが少しだけあった。妹はそのことを子どもならではのストレートさで口にしたらしい。

それでも重ちゃんは彫りの深い顔だちだったし、長身のほうだったし、まずまずの好男子だった。わが家にいたのは結局五年間くらいだったろうか。

その後、重ちゃんは千葉のサラリーマン家庭の一人娘とお見合いをして、そこの家の婿養子になり、自分の歯科医院を開業した。大学時代は青白い顔をして詩なんぞ書いていたのだが、結婚後は意外にも投資（株）の才覚を発揮した。一女二男の子どもにも恵まれ、何不自由のない生活に見えたのだが……。

六十をちょっと過ぎた頃、肝臓ガンを発症した。本人には告知していなかったが、薄々わかっていたのではないか。

ある日、私がたまたま浦和の家に行ったら、ちょうど重ちゃんが来ていて、「今度、みんな（母と妹と私）で伊香保温泉に行こう」という話になった。日をあらためて、重ちゃん運転の車で高崎の生家に寄り、伊香保に泊まった。その帰途、高崎の家に寄った時、重ちゃんは一人でジーッと裏の川をみつめていた。

それから一年後くらいだったと思う。重ちゃんは六十三歳でこの世を去った。川をみつめていた重ちゃんの後ろ姿は忘れられない。私も妹も子どもの頃の失言について、とうとう謝りそこねてしまった。

# 狐

　この本は私の曾祖母・中野みわが遺した小冊子『大夢　中野みわ自叙伝』に触発されて書き始めたものなのだけれど、実は、その自叙伝についてはここで書くのが初めてではない。

　一九九六年だから、もう二十年近く前のことだ。ある雑誌に、私の好きな人物コレクションのような文章を連載していた。古今亭志ん生とか福田恆存とかジェイムズ・サーバーとか。その最終章にオマケ的に曾祖母・中野みわの話を、短めだったが書いたのだった。それは『会いたかった人』というタイトルで徳間書店から出版された（のちに文春文庫『会いたかった人、曲者天国』）。

　さて、その『会いたかった人』が出版されて二カ月ほど経った頃、未知の人からエッ?!と驚くような手紙を頂いた。私信を公開するのは後ろめたいけれど、簡にして要を得た文面なので、私が要約して書くより断然わかりやすいと思う。そのまま書き写させてもらうことにしよう。

「突然ながら、お便りを差し上げます。匿名で書評などを書いております山村修と申します。ぶしつけとは存じますけれども、以下のような訳がありまして、パソコンを立ち上げた次第です。

つい先日、私の実家に久しぶりに帰ったときのことなのですが、私の父と、隣に住んでおります兄と、私と、三人で話すうち、父の話が談たまたま黒川正《ただす》という英学者のことに及びました。私も兄も『ルーツ』には関心が乏しく、父に黒川正が血縁の一人といわれてもピンと来なかったのですが、ふとそのとき、兄が何かを思い出した体で、隣りの自宅から ご高著『会いたかった人』を持って来るに至って、まことに思いがけないことがわかりました。

『中野翠さんのひいおばあさんと、われわれのひいおばあさんとは、姉妹である』。兄はそう言い、父は父で、自分の書斎から何と『中野みわ自叙傳―大夢』や『戊辰後来歴』のゼロックスコピー、そして家系図などを持ち出して、われわれに見せるのです。

その日の午後は、兄も私もこれまでまったく無知であった『ルーツ』について、一挙に知識を得ました。高揚の午後でした。

もちろん血筋の話は、ややもすれば押しつけがましくも、いやらしくもなります。もしご不快をお感じになりましたら、どうぞお許し下さい。ただ私としては、中野さんの御文章にある『操られている』という不思議な感覚を私もまた肌身にもった、という思いがするものですから、こうしてあえてお手紙を書かせていただきました」

というものだった。文中の黒川正とは、みわの兄であり、手紙のぬし山村修さんのひいおばあさんとは、みわの妹のゑいなのだった。官軍から逃げ回っていた頃は、みわは九歳、ゑいは三歳だった。

手紙をもらって、さっそく三人（山村修さんとお兄さんの忠さん、そして私）で会った。その時に、山村修さんが、あの「狐」であることを知ってさらに驚いた。「狐」とは、「知る人ぞ知る」という言葉がぴったりのユニークな匿名書評家だったから。

「狐」は、一九八一年から二〇〇三年までの二十二年間、『日刊ゲンダイ』に週一度のペースで書評を書き続けた。毎回七二〇字の小さなコラムだが、その本の魅力の核心をつかみ出してみせる力は抜群だった。文章は簡潔にして独得の味があった。小手先ではなく、鋭敏な感性（ユーモアも）と深い教養に裏打ちされていることが偲ばれた。いい意味でこわい書評家だった。

その「狐」が、わが「いちまき」だったとは。曾祖母・みわとゑい。女同士だから嫁いでしまえば縁はどんどん薄くなって行ったろう。時の流れるままにそれぞれ知ることもなく暮らしていた血縁同士が、ふと同じ文筆の世界にさまよい込んでいて、一冊の本がもとで「再会」したのだ。それは何とも言えない奇妙な気分をかきたてるものだった。やっぱり、何かに「操られている」という感じがした。

その年のうちに山村さんのお父さんは亡くなった。私もまた山村さん同様、血筋の話に押しつけがましさやいやらしさを感じがちな人間だけれど、思い切って、みわの話を『会いたかった人』に書いてよかったのだと思った。山村さんのお父さんの死には間に合ったのだ。

「狐」兄弟と何度か会った。二人とも私と同世代で、私の何倍も本好きだった。お兄さんの忠さんは公立図書館の司書、弟の修さんは大学図書館の司書の仕事をしているというからスジガネ入りだった。遠い血縁ではあるけれど、普通の男友だちとはやっぱりどこか違う、身うち的な親しみを最初から感じた。

「狐」は『狐の書評』（本の雑誌社）、『野蛮な図書目録』（洋泉社）などを続々出版していたが、やがて山村修名義で『禁煙の愉しみ』（洋泉社）『気晴らしの発見』（大和書房、のち新潮文庫）というエッセー集を出版した。それらを読むたび、私は（おこがましいようだが）感受性の質というか方向というかが似ていることに驚かされるのだった。

何と言っても「青空」への偏執。『気晴らしの発見』では「私の青空」と題して憧れの青空イメージについて書いている。著者にとって、青空は神や仏に代わる救済のイメージなのだったが、実は、私も青空にそんな思いを託していて、一時、『サンデー毎日』の連載コラムのタイトルを「私の青空」としていたことがあったのだ。

もう一つ。修さんはイッセー尾形の「切実にして、なおかつ陽性」な笑いに惹かれて、イッセー尾形の盟友である演出家・森田雄三さんのワークショップに参加したほどだったのだが……私もまたイッセー尾形には格別の関心を抱いて来た。一九八三年頃だったと思うが、イッセー尾形の初のライブを観に行って、大興奮。たまたま『アサヒグラフ』（『週刊朝日』だったかもしれない）の仕事をしていたのでインタビュー取材させてもらった。イッセー尾形にとっては、それが初めてのマスコミ・デビューだったという。

長い年月、まったく無縁に暮らして来た修さんと私が、なぜかフラフラと同じ業界にさまよい込み、なおかつ、似たような感受性というか趣味嗜好を持っている――というのが、

山村修氏の著書より

何とも不思議なことに思われるのだった。

そういう感受性の類似は、はたして偶然なのだろうか、それとも必然なのだろうか。

修さんは謡曲にも打ち込んでいて、『〈狐〉が選んだ入門書』（ちくま新書）のあとに『花のほかには松ばかり　謡曲を読む愉しみ』（檜書店）を出版していた。『花のほかには松ばかり』の帯の宣伝コピーは私が書かせてもらった。修さんの謡曲に関する文章は以前からとても好きだったので。

特にシビレたのは、「松虫」という作者不詳の曲についてのくだりだ。松虫の音に誘われた青年が草露の中で死に、それを悲しんだ友も自害して果てた――それだけの物語。それを修さんは「その死は、いわば死の芯をなす死です。意味という意味、価値という価値を、ぎりぎりまでこそげおとした死です。／凄惨な感じはありません。いっそ清涼たる死です」と書いている。その味わい方の深さに私はシビレたのだ。

修さんが肺ガンに冒されていることを知ったのは、二〇〇四年の一月のことだった。手紙で丁寧な説明があった。勤め先は辞めたそうだが、治療の経過もよく、元気そうだった。最後に会ったのは二〇〇五年の春だった。千駄ヶ谷の能楽堂近くの日本料理店で「狐」兄弟と会食した。

ちょうど私が筑摩書房のPR誌『ちくま』に『小津ごのみ』というエッセーを連載しはじめた頃で、こわい書評家である「狐」が「あの連載はいいよ、面白いよ」と励ましてくれたのが心強かった。

幸田露伴の短めの小説『観画談』がすばらしいと言ったら、「狐」ははじかれたように目を輝かせて「そうでしょう、そうでしょう」と言った。元気だった。

千駄ヶ谷駅前で別れた時のことが妙に忘れられない。私はOFF気分を楽しむためにキモノを着ていた。夕空が大きく広がっていた。春風が吹き抜けていた。とおーい親類の私たち三人は照れ笑いを浮かべながら握手し合って、別れた。一枚のスナップ写真のように、その場面を思い出す。

二〇〇六年の八月十四日。「狐」兄からの電話で「狐」＝修さんの死を知った。あっけにとられた。ちょうど退院予定日で、前夜まで元気だったのに、その日の朝、急変したのだという。「それじゃあ苦しむことはなく逝ったのね」という言葉くらいしか出て来なかった。五十六歳だった。

「狐」が面白がってくれた『小津ごのみ』は、その二年後、一冊の本となって出版された（筑摩書房、のちにちくま文庫）。ぐうたらな私にしては珍しく「出し切ったな」と思える本なのだった。「狐」に読んでもらいたかった……。

「狐」兄の忠さんは、ルーツ探索にはまり、関宿を訪ねたり、山田大夢ゆかりの人物（特に浅井忠）について調べたりして、サッサと私より詳しくなってしまった。本書も忠さんからの情報にだいぶ助けられた。

「いちまき」の判明は山村家だけではない。静岡で郷土史研究家として活躍された市原正恵さんは、みわの兄・黒川正の曾孫であることもわかった。

「いちまき」ではないけれど、みわやその父・山田大夢の手記の中に印象的に登場する、大夢の「刎頸の友」丹羽十郎右衛門の曾孫の芝泰子さんからは、一九九六年に『会いたかった人』を出版した直後、おたよりと御著書『正統三河武士の最期』（新風書房）を送っていただいた。

丹羽十郎右衛門の奥さんというのは、みわが「ちょうどお芝居で見るような美しい方で、御年も二十七歳の若さで、守り刀の懐剣を錦の袋にいれて赤いふさのさがったのをさしておいでなさいました」と描写していた人である。夫の丹羽十郎右衛門は上野彰義隊の戦いに参加して戦死した。大夢は彼の死を生涯つらい思い出とした。

その子孫同士が、本を通して、百何十年という歳月を飛び超えて、また「出合う」ことになるとは……と、感慨深いものがあった。その芝泰子さんも今は亡くなってしまった。さて。曾祖母・みわの手記に触発されて書き始めた過去への旅。時間旅行。なにぶんにも「歴史もの」に疎くて、足どりはおぼつかなかったけれど、何とかここまでたどり着いた。

原稿書きに詰まると、自然とみわの写真に目が行った。過去からの交信を待つかのように？　もちろんそんな奇跡は起きない。写真は写真でしかない。でも何だか、私、顔の輪郭が中野みわに急速に近づいている感じがするんですよね。「おっ、遺伝子はそこにそう来たか。ひとの老いにつけこんで」と思う。うれしくはないが、悪い気分でもない。

## 後日談⑧

### 上野・浅草

このファミリー・ヒストリーもいよいよ終盤。「供養」じみた気持で、わがいちまきの運命を激変させた、彰義隊ゆかりの地・上野を訪ねてみた。例によって編集者のKさん、Sさんが同行してくれた。

多くの人は気にもとめないだろうが、上野の山の有名な西郷さんの銅像のすぐ近くに彰義隊の墓所がある。こんもりと樹々が茂った所にいくつかの碑が立っている。木陰のせいもあって、どうも「陰」の気がこもっている感じがしてならない。

左右に燈籠が並んだ石段の上には、山岡鉄舟（幕末の三舟と言われたほどの書の達人）の筆になる「戦死之墓」が建っている。明治十四年に建立されたものだという。それまでは小さな目印程度の墓石しかなかったらしい。

そんな墓所の片隅には「彰義隊の墓」と題された説明板がある。この墓所がある所は、とりわけ激戦が展開された所で、彰義隊の隊士たちの遺体はしばらく「見せしめ」のため放置されたのち、火葬場ともなった所だという。

その説明板には「彰義隊奮戦之図」も添えられている。その絵は、彰義隊メンバーだった「小川興郷《おきさと》が画家に指示して描かせたもので、他に存在する錦絵と違って、史実に忠実な絵と伝えられている」という。

わが高祖父・大夢《たいむ》は、幼君を守護するために上野の山の寛永寺近くの子院・勧善院にいて、そこの僧の案内で開戦直前には本坊に詰めていた。「次第ニ大小砲声烈敷《ハゲシク》御本坊門塀へ弾丸命中。恰《アタカ》モ大雷雨ノ如シ」。大夢は幼君をかかえ、新政府軍とじかに刀で斬り合うこともなく、脱走するのが精一杯だった。

けれど「刎頸の友」だった丹羽十郎右衛門は、じかに斬り合って、果てた。私は「彰義隊奮戦之図」の画面のほぼ中央で刀を構えている鉢巻姿の人物に、丹羽十郎右衛門のイメージを重ねて、見入った。新政府軍は約一万人、彰義隊は約千人だったという。

私がこの「彰義隊墓所」を訪ねたのは、これが初めてではない。二〇〇三年五月までは、この墓所のそばに平屋の資料館があった。「小川家の一族が代々、維持してきたのだが、ついに閉館することになった」というのを新聞記事で知って、閉館セレモニーに参加したのだった。資料館内部には戦闘の様子を描いた錦絵や古文書などが陳列されていた。セレモニーに集まった人たちは百人前後だったろうか。知らない人たちばかりだが、妙な親近感を抱いた。それぞれ、ここが先祖たちの運命の場になったのだ——という共感。何だか世を忍ぶ秘密結社の集会という感じもあった。

そんなことを思い出しながら、彰義隊墓所をあとにした。上野の山ではもう一つ、訪ねたい所があった。寛永寺である。

上野の山というのは、徳川家康に見こまれ、二代・秀忠、三代・家光に深く信心されて「大僧正」とまで言われるようになり、百八歳（！）という長寿でこの世を去った天海という人物の存在抜きには考えられないようなのだった。古地図を見ると、上野の山は、大きな寛永寺本坊を中心に、たくさんの子院がそれを取り巻くように林立している（大夢が潜伏していた勧善院もその一つだった）。寛永寺は正式には、東の比叡山という意味をこめて東叡山寛永寺と言う。江戸時代は、まさに宗教的な「お山」だったのだ。庶民が気軽にお花見なぞに立ち寄るような所ではなかったらしい。

そんな「お山」も上野戦争で全山が焼失してしまう。新政府軍のアームストロング砲は現在の東京大学のあたりから砲撃したと言われるが、不忍池を越え、（今の噴水のあたりにあったという）寛永寺本坊やたくさんの子院のあたりにまで届いたのだ。よくまあ、そこまでとあらためて驚いてしまう。

国立博物館の左脇を桜木方面に向かうと、しんと静まって、東京芸大や国際子ども図書館や黒田記念館（画家・黒田清輝の美術館）などアカデミックな香りのする建て物が点在している。昔はこのあたり一帯も子院が並んでいたはずだが、その面影はまったくない。

寛永寺本坊（根本中堂《こんぽん》）の入口の柵にはキンピカの葵の御紋が光っていた。さすがに威厳あり。中央の大きな厨子に安置されているのは本尊薬師如来三尊像。平安初期に造られた等身大の尊像で、秘仏となっているという。天井を横断する幕にも、天井から垂れる幕にも、黒地に金の葵の刺繡がほどこされている。瓦屋根のてっぺんにも金の葵の御紋あり。

上野戦争は雨が降りしきる中、午前七時頃から戦闘が開始され、正午頃まで勝敗は伯仲していたが、アームストロング砲が寛永寺に向けて発射されたのを機に、一気に彰義隊の敗色が濃くなり、夕方五時頃には決着がついたという。戦死者は新政府軍が百名あまり、彰義隊は二百六十六名だったという。

金の葵に象徴される、江戸の時代はこうして息の根をとめられたのだ。そうして我が高祖父の苦しい流浪の日々が始まったのだった。今から百四十七年前の話。

史料が無くて、全然わからないのが、中野の家のほうだ。江戸時代は浅草近くの三筋町《みすじまち》で御書院番組頭をしていたらしく、古地図を見て、御書院番組屋敷の中に中野の名前を発見した時は何となくうれしかったのだけれど、江戸の最期をどうやって迎えたのかについては何の手がかりもない。

享保年間の中野勘太夫という人物名に始まって私の父の実に至るまで代々（十人）の名前と没年だけはわかる。江戸から明治への転換期に遭遇したのは七代目の鐐三郎《りようざぶろう》（明治六年没）とおぼしい。曾祖母・みわから見ると嫁入り先の舅にあたる。

この鐐三郎はいったいどういう形で動乱の時代を生きたのだろう。鐐三郎の息子である安資《やすすけ》とみわは沼津で出会い、結婚した。安資は父・鐐三郎と共に沼津に落ちのびて来ていたのだろう。

十年ほど前だったろうか。浅草に住む友人のお母様の葬儀に参列したのだが、その葬儀会場は、偶然、三筋町のすぐ近くだった。参列する前に昔は三筋町だった所をうろついてみたが、御書院番組屋敷があったとおぼしき所は、よくわからなかった。幼稚園だったか保育園だったかがあった所が、「どうやらここみたいね」と思えた。

さて。上野をあとにした私たちは浅草へと向かった。浅草ビューホテルのすぐ近くに中野の家の墓があるので、「いちまきの話を書いてみましたよ」と報告しておきたいな、と思って。

そう言えば……母が亡くなって納骨した時、骨壺がいくつか納められている中で、壺に大きく「みわ」と書かれているのが見えた。何だか生ま生ましく、曾祖母・みわの存在を見せつけられた感じがした。

「みわさん、あなたの手記から、私は柄にもなく、ルーツ探索への興味をかき立てられました。他に能がなく文筆業になった私としては、みわさんが遺した『いちまき』の話を書き継ぐのが、使命といったらオーバーですね、自然当然の役目のように感じたのです。何ぶんにも無知なので、たどたどしくしか書けなかったけれど、とりあえず、一冊の本にまとめることはできそうです」という気持をこめて、墓前で手を合わせた。

前にも書いたが、この中野家の向かいがわにI家の墓がある。墓域も広く、墓碑も立派で、いかにも由緒ありげに見えるのだ。にもかかわらず、このI家の墓には人が訪れた気配はほとんどない。お彼岸であちこちの墓が花と線香でにぎわう中、このI家の墓には何もない。

いわゆる「無縁墓」になったのだろうか。一族が絶えてしまったのだろうか……と、かねがね気になっていたのだった（という話をKさんSさんにして行ったのだが、なぜかこの日はI家の墓に枯れた赤いカーネーションが一本だけ、花入れにさされていた……なぜカーネーション一本だけ!?　と、ますます謎は深まった）。

けれど、実を言うと、中野の家の墓も、そんな遠い話ではない、そのうち「無縁墓」になることが確定しているのだった。

私には一人の兄と一人の妹がいるのだけれど、兄の家は一人娘。妹の家は男の子が二人いるけれど、苗字は中野ではない。従って、兄の家の一人娘が結婚すればその時点で、独身のままだったら彼女が他界した時点で、中野の家の墓は「無縁墓」になるというわけなのだ。

今の中野の墓は、二十二年前、父が他界した時に、兄が新しく造り直したものなのだった。それまでは「もしかして江戸時代から？」と思われるくらい、古ぼけた墓だった。角が欠けて、全体に古色蒼然としていて、こわいほどだったのだ。

墓が新しくなったから、というわけでもないが、六年前に母が亡くなったのを機に、私と妹はお彼岸に墓まいりを欠かさないようになった。帰りに浅草オレンジ通りの「ぱいち」でビーフシチューを食べ、「アンヂェラス」で珈琲とケーキを楽しむ――というのが定番のお楽しみともなったのだ。

数年前、千葉にある友人の別荘に行った時のこと。ある朝、近くを散歩していたら、畑の脇の小さな墓地で一人の女の人（七十代くらいだろうか）が、うずくまって手を合わせながら「用事がいろいろあって、おまいりに来るのが遅くなってすみません」うんぬんと、まるで生きた人を相手にしているかのように、親しげに、こまごまと語りかけている場面に遭遇した。

「霊との交信」なんていうミステリアスな雰囲気ではなかった。まったく日常的な口調で、生者に語りかけるがごとくに墓に語りかけているのだ。その人の心の中では、死者たちはちゃあんと生きているかのようなのだった。

私は妙に感動した。美しく豊かな光景だと思った。私はこの女の人のように、死者に対してすぐそこにいる人のように感じることはあっても、そういうふうにはふるまえない。信じ切ることはできない。死は途方もなく深い闇、と感じることのほうが多い。

葬儀をはじめセレモニー的なことが、なぜか苦手で、墓前で手を合わせること自体、何とも言えずテレくさい。そういう妙な性分なので、とうていこの女の人のようにはなれないのだけれど、それでも今回、「いちまき」の話を書くことによって、私も死者たちと少し語り合うことができたかな、鎮魂することができたかな——というふうに感じている。

# あとがき

まさか、この私がルーツ探索の文章を書くことになろうとは。まったく思いもしないことだった。

いや、むしろ、ルーツ探索に熱心な人びとに対して、ウッスラと反感のようなものまで抱いていたような気がする。私にとって興味のあるものは「個人」であって、「家」ではない。あくまでも、一人の人間として面白いかどうかだけが問題であって、その人の生活背景なぞはどうでもいいこと、二の次三の次といっていい事柄だと思って来た（実は今でもそう思っている）。

そんな私がルーツ探索にはまり込んだキッカケは、単純に「部屋を片付けたい」「〝断捨離〟したい」という一念からだった。

父の死後、その遺品の一部（段ボール箱四つほど）をたまたま私が引き取ることになって、ただでも狭い私のマンションの一室はギッシリと混雑することになった。うっとうしくてたまらない。何とかしてこれを、もっとコンパクトにできないものだろうか。

ということで遺品整理に取りかかったのだが……曾祖母・みわや、その父・大夢の手記などに出会って、ついつい読みふけってしまい、「ああ、やっぱりこれは処分するわけにはいかないなあ」とガックリ、首をうなだれたのだった。

いつしかみわや大夢は「すぐそこにいる人」のように感じられ、古地図（といっても複製印刷されたもの。それまでは無頓着だったが、書店には『江戸切絵図』とか『古地図散歩』などが売られているのだった）を買い求めて、ジックリ見るのが楽しみとなった。

以前熱心に読んでいた伊藤整の大著『日本文壇史』（講談社文芸文庫全十八巻！）や山口昌男の『「敗者」の精神史』（岩波書店）をはじめ、何となく惹かれて読んでいた著作のいくつかが、わが「いちまき」の流転の人生とさまざまなかかわりがあることを知って驚かされたこともたびたびあった。

何も知らずに、まるで目の見えない犬のように、ただもう自分の好悪の感覚＝嗅覚だけを頼りに読んで来たのだったが、実は、遠い昔にわが「いちまき」との接点があったりするのだった。何かに「操られている」と思わずにはいられなかった。

ルーツ探索とかファミリー・ヒストリーとかを活字にするのは、何となく、照れ臭く恥ずかしいものだけれど、「狐」の兄弟に出会えたことだけでも、「やっぱり活字にしてよかったのかも」と思えた。

実は、この本の編集作業中にも、新たな「いちまき」が発覚した。沼津出身で今は鹿児島在住のTさんという人がルーツ探索をしていて、ネットで中野安資（みわの夫）について情報を得ようとしていたのを、この本の編集担当のSさんが気がついてくれたのだった。さっそくTさんとFAXで連絡を取り合うことになった。Tさんは安資の妹の系統の子孫なのだった。ほうぼうに枝分かれしたファミリー・ツリー。何だか……日本人はみんな「いちまき」のような感じがしてきた……?!

「片付けたい」「捨てたい」の一心で始めたことなのに、資料の本やパンフレットやデータなどで、かえって部屋は混雑の度を深めてしまった。皮肉なことだ。

それでも今は、わがファミリー・ヒストリーをいささかなりとも浮かびあがらせることができたんじゃないかと、ホッとしている。

本作りにあたっては、Kさんこと、新潮社の小林加津子さん、桜井京子さん、そして緻密な校閲担当のかたに大変お世話になりました。みなさん、今やわが「いちまき」について私より詳しくなったんじゃないか?!　っていうくらい。

装丁の南伸坊さんには少女時代のみわを描いていただきました。「私の七歳の祝着は母の丹精になったもの」という一節が忘れられなくて。キリッとしていて、しかもかわいい。満足です。

こうして一冊になった今は、何かに「操られている」という妙な感覚が、少しでも読者の方がたに伝わったらいいなあと思っています。

二〇一五年九月

著者

初出　「小説新潮」二〇一二年五月号～二〇一三年四月号連載分に
大幅に手を入れ構成を変えて、「後日談」を加筆しました。

装幀　南　伸坊
表紙　「東都名所泥絵
桜田御門外」より

**著者紹介**

1946年生まれ。埼玉県浦和市（現・さいたま市）出身。早稲田大学政治経済学部卒業後、出版社勤務などを経て文筆業に。1985年より「サンデー毎日」誌上で連載コラムの執筆を開始、現在まで続く。著書に『小津ごのみ』『アメーバのように。私の本棚』『今夜も落語で眠りたい』『この世は落語』『歌舞伎のぐるりノート』『晴れた日に永遠が…』など多数ある。


いちまき
ある家老《かろう》の娘《むすめ》の物語《ものがたり》

二〇一五年九月三〇日　発行

著　者　中野《なかの》　翠《みどり》
発行者　佐藤隆信
発行所　株式会社新潮社
東京都新宿区矢来町七一
郵便番号　一六二―八七一一
電話　編集部（03）三二六六―五四一一
読者係（03）三二六六―五一一一
http://www.shinchosha.co.jp
印刷所　大日本印刷株式会社
製本所　大口製本印刷株式会社




ISBN978-4-10-419302-8 C0095